Die Voraussetzungen eines Nachlaßkonkurses.

Von

Dr. jur. Ernst Jaeger.

München.
Verlag von J. Schweitzer.
1893.

Meinem Bruder.

Inhaltsverzeichnis.

Einleitung (§§ 1—3.)

Die Voraussetzungen im Einzelnen.

Litteratur.

A. Konkursrecht.

I. Gemeinrechtliches Konkursverfahren:

A. Schweppe, System des Konkurses der Gläubiger. 2. Aufl. 1824.
H. v. Bayer, Theorie des Konkursprozesses. 4. Aufl. 1850.
C. Fuchs, Konkursverfahren. 1863. (Unter diesem Titel citiert.)

II. Reichskonkursrecht.

1. Lehrbücher:

C. Fuchs, der deutsche Konkursprozeß. 1877. (Citiert: Fuchs.)
H. Fitting, Reichskonkursrecht und Konkursverfahren. 2. Aufl. 1881.
W. Endemann, das deutsche Konkursverfahren. 1889.
J. Kohler, Lehrbuch des Konkursrechts. 1891.

Ferner sind benutzt die Darstellungen des Konkursrechts in:
Dernburg, Preußisches Privatrecht, Bd. II, §§ 111—132, sowie in:
Mandry, der civilrechtliche Inhalt der Reichsgesetze. (3. Aufl. 1885.)

2. Kommentare:

Stieglitz, 1879; v. Sarwey, 2. Aufl., 1882; v. Völderndorff, 2. Aufl. 1884; Petersen-Kleinfeller, 2. Aufl., 1888; v. Wilmowski, 4. Aufl., 1889.

3. Die „gesamten Materialien zu den Reichsjustizgesetzen", 4. Band: Materialien zur Konkursordnung. Herausgegeben von Hahn.

B. Bürgerliches Recht.

I. Pandektenrecht. Dieses ist der Abhandlung zu Grunde gelegt. Benutzt sind die Lehrbücher von Windscheid, 6. Aufl., 1887; Arndts, 14. Aufl., 1889; Dernburg, 2. Aufl., 1889; Baron, 7. Aufl., 1890. Namentlich aber: Koeppen, Lehrbuch des heutigen römischen Erbrechts, 1. u. 2. Abt. 1886—88. Endlich: Oertmann, „das beneficium separationis im römischen und heutigen Recht" in Grünhuts Zeitschrift XVII.

II. Bei kurzen Verweisen auf das übrige bürgerliche Recht sind citiert: für das preußische Privatrecht Förster-Eccius, 5. Aufl., 1887, und Dernburg, besonders Bd. III, 3. Aufl., 1884; für das französische Civilrecht: Zachariae—Dreyer, 7. Aufl., 1886/87.

Andere, nur flüchtig berührte Werke sind nach ihrem vollen Titel citiert. Die Paragraphen dieser Abhandlung sind stets in eckigen Klammern [ ] angeführt.

Einleitung.

§ 1.

Begriff des Nachlaßkonkurses.

Bevor wir an unsere Aufgabe, die Darstellung der Voraussetzungen eines Nachlaßkonkurses, herantreten können, müssen wir einleitungsweise einzelne grundlegende Begriffe feststellen und vor allem die Frage beantworten: „Was ist ein Nachlaßkonkurs?

Nachlaßkonkurs ist das selbständige Konkursverfahren über einen Nachlaß d. h. über das gesamte, vom Erblasser herrührende, pfändbare Vermögen in seinem gegenwärtigen Bestande.

1. Der Nachlaßkonkurs, sagen wir, ergreift die „gesamte" gegenwärtig pfändbare Hinterlassenschaft. Das ist regelmäßig der Umfang einer Nachlaßkonkursmasse, so wie regelmäßig das Konkursverfahren gegenüber einer lebenden Person das „gesamte", einer Zwangsvollstreckung unterliegende, gegenwärtige Vermögen umfaßt (KO. § 1, Abs. 1). Allein möglicherweise ergreift der Konkurs nur einen Teil vom Vermögen des Gemeinschuldners, während das andere Vermögen konkursfrei bleibt oder in eine selbständige Gant verfällt. Diesen Ausnahmefall bezeichnet man als „Partikular-, Spezial- oder Separat"-Konkurs im Gegensatz zu einem Universal- oder General"-Konkurs — Begriffe, die zwar zunächst nur von theoretischer Bedeutung, doch für uns darum von besonderem Interesse sind, weil gerade ein Fall des Nachlaßkonkurses das Hauptbeispiel für einen Partikularkonkurs abgegeben hat. Im gemeinrechtlichen Konkursverfahren spielten sie, vielfach unklar gefaßt, eine bedeutende Rolle.[1]) Die

[1]) Schweppe, §§ 147 ff. u. 150 ff.; v. Bayer, § 21; Fuchs, Konkursverfahren, §§ 1 u. 23.

Motive zur KO. (S. 439 ff.) haben dagegen versucht, jene Unterscheidung, als für die Praxis unbrauchbar, völlig auszumerzen; allerdings umsonst. Unsere neuesten[1]) Lehrbücher des Konkursrechts nämlich halten mit Recht die Gegensätze jedenfalls für die Theorie fest, weshalb wir sie schon an dieser Stelle kurz kennzeichnen wollen.

Ein Gesamt-Konkurs besteht darin, daß das gesamte pfändbare Vermögen eines Schuldners die gemeinsame Befriedigungsquelle für seine sämtlichen[2]) persönlichen Gläubiger bildet; ein Sonder-Konkurs hingegen darin, daß auf Grund civilrechtlicher Haftungsbeschränkung[3]) nur eine Sondermasse jenes Vermögens einer Sonderklasse dieser Gläubiger als Befriedigungsquelle dient.

Daraus ergibt sich zunächst, daß der Konkurs über das inländische Vermögen eines Schuldners gemäß § 208 KO. nicht — wie vielfach (z. B. von Endemann § 10 III, B) behauptet wird — ein Sonderkonkurs ist. Denn erstlich dürfen alle[4]) Gläubiger, ausländische wie inländische, am Verfahren teilnehmen; zum andern aber beruht die gegenständliche Beschränkung dieses Konkurses nicht auf civilrechtlichen Haftungsgrundsätzen, sondern auf dem rein thatsächlichen Umstande, daß sich gewisse Vermögensstücke an Orten befinden, wo sie unsere Exekutionsmacht nicht zu erreichen vermag. Der Sache nach haben wir den gleichen Fall dann, wenn es dem Schuldner gelingt, Vermögenswerte zu verbergen, vielleicht gerade dadurch, daß er sie über die Grenze schafft: wenn die Natur des Konkurses sich lediglich nach dem Gegenstande bestimmte, hätten wir auch im letzten Falle einen Sonderkonkurs. Uebrigens stellen wir die Natur des Konkurses über das inländische Vermögen eines Schuldners hier nur deshalb fest, weil auch im Nachlaßkonkurse — wie wir unten sehen werden — ein Verfahren gemäß § 208 KO. vorkommen kann.

Weiterhin ergibt sich in Anwendung jener Begriffsbestimmungen auf den Nachlaßkonkurs, daß dieser ein Sonderkonkurs immer dann, aber auch nur dann ist, wenn die Erbschaft als Teil des im übrigen kraft civilrechtlicher Haftungsbeschränkung der Voll-

---

[1]) Endemann, § 10; Kohler, § 19.

[2]) Der Sonderkonkurs ist eben ein concursus particularis et ratione subiecti, ubi certi tantum creditores conveniunt, et ratione obiecti, ubi non omnia bona, sed certa tantum in concursum veniunt; Fuchs, Konkursverfahren, § 1 Note 3. Jenes subjektive Merkmal ist in den Motiven a. a. O. und in den meisten Kommentaren nicht genügend betont. Vgl. dagegen auch Schweppe und v. Bayer, a. a. O., sowie Fuchs, § 6.

[3]) Siehe namentlich Kohler, § 19. Näheres unten [§ 4.]

[4]) Mot. S. 458 f.; Endemann, § 102 (S. 645); Kohler, § 19 (S. 85).

streckung entzogenen schuldnerischen Vermögens die Befriedigungsquelle einer bestimmten Klasse von Gläubigern bildet. Von den drei Hauptfällen des Nachlaßkonkurses ist demnach, um schon hier eine allgemeine Uebersicht zu entwerfen,

a) der Konkurs über die ruhende Erbschaft ein Gesamtkonkurs; denn hier dient das gesamte pfändbare Vermögen einer (juristischen) Person, der hereditas iacens, zur gemeinsamen Befriedigung ihrer sämtlichen persönlichen Gläubiger. Hingegen sind

b) der Konkurs über eine mit Vorbehalt erworbene, sowie

c) derjenige über eine wiederum abgesonderte Erbschaft Sonderkonkurse; denn beidemal bildet der Nachlaß als Teil des im übrigen kraft Civilrechts der Haftung entzogenen Vermögens eines Schuldners (des Erben) die Befriedigungsquelle für eine bestimmte Klasse von Gläubigern (eben der Nachlaßgläubiger).

2. Der Nachlaßkonkurs ergreift das „vom Erblasser herrührende" pfändbare[1]) Vermögen im Gegensatz zum eigenen Vermögen eines etwaigen Erben — und zwar ergreift er jenes

3. in seinem „gegenwärtigen Bestande" d. h. Konkursmasse sind die vom Erblasser herrührenden pfändbaren Vermögensrechte, deren Accessionen und Surrogate, in dem Umfange, in welchem sie nach bürgerlichem Recht zur Zeit der Konkurseröffnung den Nachlaßgläubigern verhaftet sind. Der Nachlaß kann zur Zeit der Konkurseröffnung in seinem Bestande ein ganz anderer sein als beim Tode des Erblassers. Man wird darum schwerlich mit v. Wilmowski, § 202,1 sagen dürfen, der Nachlaßkonkurs sei der Konkurs „über das Vermögen des Erblassers zur Zeit seines Todes." Dies trifft nicht nur beim Konkurse über die abgesonderte Erbschaft durchaus nicht immer zu, sondern auch in den von der gemeinen Lehre anerkannten Fällen eines Nachlaßkonkurses, da dessen Eröffnung über die erblose oder mit Vorbehalt erworbene Erbschaft möglicherweise erst lange nach dem Tode des Erblassers unter völlig veränderten Vermögensverhältnissen ausgesprochen wird.

Demnach braucht der Nachlaßkonkurs durchaus nicht die nämliche Masse zu haben, wie der über eine Person an ihrem Todestage eröffnete Konkurs. Letzterer mag in mannigfacher Beziehung mit einem Nachlaßkonkurse übereinstimmen: er hat vor allem eine andere materiellrechtliche Voraussetzung [unten § 9] und geht durch den Tod des Gemeinschuldners nicht in einen Nachlaßkonkurs über. Dieser Tod des Gemeinschuldners äußert vielmehr

[1]) Über die Erweiterung des Begriffes der Pfändbarkeit durch KO. § 1, Abs. 3, siehe die Kommentare.

auf den Gang des eröffneten Konkursverfahrens selbst keinen Einfluß (vgl. v. Wilmowski a. a. O.). Es ist ja klar, daß nunmehr ein neuer Gemeinschuldner erscheint [§ 2]; ferner, daß mit dem bisherigen den Konkursgläubigern, vielleicht ohne jeglichen Ersatz, die Person verloren geht, deren Inangriffnahme ihnen nach Konkursbeendigung freigestanden hätte; ebenso, daß die Masse um diejenigen Rechte vermindert wird, die zwar (wie man meist sagt „der Ausübung nach") veräußerlich, aber auf die Lebensdauer des Gemeinschuldners beschränkt waren, wie namentlich der Nießbrauch. Indessen entwickelt sich das Verfahren selbst ungestört weiter, insofern der Tod des Gemeinschuldners keine Unterbrechung des Konkursverfahrens bewirkt.[1]) Denn der Gemeinschuldner ist nicht leitendes Organ dieses Verfahrens; das ist an seiner Statt (d. h. bezüglich der Verwaltung und Verfügung über die Masse) der Konkursverwalter, der ungehindert seine Thätigkeit fortsetzt. Eine Unterbrechung kann demgemäß auch dann nicht eintreten, wenn die vergantete Erbschaft ohne Vorbehalt erworben wird. In diesem Falle freilich wird den Konkursgläubigern für die Person ihres verstorbenen Schuldners ein Ersatz im vorbehaltlosen Erben geboten; gegen letztern mögen sie nach Konkursbeendigung ihre nichtbefriedigten Forderungen gemäß § 152 KO. unbeschränkt geltend machen. Allein von selbst hört das Verfahren nicht auf [unten S. 22 f.], und, solange es dauert, sind die Konkursgläubiger ausschließlich auf die Masse angewiesen. Zu dieser gehört das eigene Vermögen des vorbehaltlosen Erben zweifellos nicht; es ist „sonstiges" Vermögen des gegenwärtigen Gemeinschuldners und bleibt als solches dem Zugriffe der Konkursgläubiger während der Dauer des Verfahrens gemäß § 11 KO. verschlossen. (Anders v. Sarwey, § 202, 1; dagegen Fitting, § 33 Note 14.)

§ 2.

Der Gemeinschuldner im Nachlaßkonkurse.

Es ist von größter Wichtigkeit, bereits in der Einleitung die Frage zu beantworten, wer als Gemeinschuldner im Nachlaßkonkurse anzusehen ist.

Unsere konkursrechtliche Litteratur (siehe namentlich v. Völderndorff, § 202, a; Endemann, § 101, S. 638) gibt drei verschiedene Beantwortungen dieser Frage: Eine erste Gruppe von Schriftstellern erklärt im Anschluß an die Motive (zum 2. Entwurf S. 452) als Gemeinschuldner „im Rechtssinne" den „toten Erblasser". So

---

[1]) Motive, Seite 61 ff.; Fitting, § 33, III; Stieglitz, Seite 83; Kohler § 81, Seite 518. — Gegen § 13, Abs. 1 der preuß. KO., siehe die Motive a. a. O.

sagt z. B. Stieglitz S. 83: „Der Gestorbene ist es, welcher sich im Konkurs befindet, nicht der Erbe". Ebenso Fuchs, § 39; Fitting, § 56 Note 2; v. Sarwey, § 202, 3: v. Wilmowski, § 202, 1 u. a. — Dagegen hatte der „Entwurf einer Gemeinschuldordnung" im § 19 schlechthin erklärt: Die Vorschriften über das Verhältnis des Gemeinschuldners zur Masse finden auf den Erben Anwendung. Diese Bestimmung fand im zweiten Entwurfe keine Aufnahme, weil „sie selbstverständlich und in ihrer allgemeinen Fassung nicht unbedenklich gewesen sei". Prot. S. 15; vgl. v. Sarwey, 202, 1. — Beide Ansichten verwerfend behauptet endlich v. Völderndorff § 202, a: „Der Nachlaß ist Gemeinschuldner; auf ihn hat der Eröffnungsbeschluß zu lauten."

Es bedarf keines großen Nachdenkens, um einzusehen, daß jede einzelne dieser Theorieen in ihrer Allgemeinheit unhaltbar ist. Den „toten Erblasser" kann man eben trotz der gewagtesten Fiktionen keinen Offenbarungseid leisten lassen; die Person des „Erben" ist für die Frage der Anfechtung von Rechtshandlungen des Erblassers selbst nicht maßgebend; auf den „Nachlaß" endlich hat zwar allerdings die Eröffnungsformel zu lauten [unten S. 61], aber überall, wo es sich um eine Thätigkeit des Gemeinschuldners im Konkurse, um Ausübung von Rechten und Pflichten handelt, ist mit jener dritten Lehre schon darum nicht auszukommen, weil die Erbschaft nur in einem der drei Hauptfälle des Nachlaßkonkurses, nämlich als ruhende, Rechtspersönlichkeit hat und diese noch dazu fast von unserer ganzen konkursrechtlichen Litteratur nach Vorgang der Motive (a. a. O.) verworfen wird. So sind denn auch in der That die genannten Theorieen für zahlreiche Einzelfälle derart modifiziert worden, daß man füglich fragen darf: wie kann man angesichts einer solchen Menge von Ausnahmen immer noch die einseitige Regel festhalten, Gemeinschuldner sei der Erblasser oder der Erbe oder der Nachlaß!

Gemeinschuldner im Nachlaßkonkurse ist vielmehr der Erblasser und der Erbe und der Nachlaß:

I. Der Erblasser ist als Gemeinschuldner anzusehen für die Zeit vor seinem Tode. So oft also die KO. von Handlungen des „Gemeinschuldners" spricht, die in diese Zeit fallen, ist unter Gemeinschuldner der Erblasser gemeint. Das gilt z. B. für die Anwendung des § 56, N. 4 KO., wonach Forderungen aus einer Freigebigkeit des Erblassers im Nachlaßkonkurse nicht geltend gemacht werden können. Das gilt ferner für die Anfechtung von Rechtsakten, die der Erblasser noch persönlich vorgenommen hat (KO. §§ 22 ff.). Besondere Bedeutung gewinnt bezüglich dieser Anfechtung, sowie bezüglich der Beschränkung der Konkursforderungscession nach § 42 und der Aufrechnung nach §§ 48, 49, sowie endlich bezüglich des Konkursstrafrechts nach § 212 die noch seitens des Erblassers selbst erfolgte Zahlungseinstellung — sie ist in allen diesen Fällen die Zahlungseinstellung des Gemeinschuldners. [Vgl. unten § 9.]

Allein man hat den Erblasser namentlich mit Rücksicht auf die Zuständigkeitsbestimmung des § 202 KO. als Gemeinschuldner erklärt. Wenn nämlich nach dem Tode des Erblassers und bereits erfolgtem Erbschaftserwerbe der Konkurs über den Nachlaß eröffnet werden soll, ist gleichwohl nicht etwa das Amtsgericht im allgemeinen Gerichtsstand des Erben (der nach unserer Aufstellung nunmehr Gemeinschuldner ist, siehe II), sondern das Amtsgericht im allgemeinen Gerichtsstand des Erblassers zur Zeit seines Todes für die Konkurseröffnung zuständig: „weil", sagt z. B. Fuchs a. a. O., „nicht der Erbe, sondern der Erblasser gleichsam als Gemeinschuldner anzusehen ist". (So auch Fitting, a. a. O. Note 6 mit 2; v. Wilmowski, § 202, 1; u. a.) Man fingiert also in dieser Beziehung den Erblasser als Gemeinschuldner für eine Zeit, in welcher er nicht mehr da ist; gewiß, wie Endemann sagt, „in durchaus unnötiger Weise". Zu diesem Gerichtsstande führen mit zwingender Notwendigkeit rein praktische Erwägungen, nicht die Vorstellung von einer auch für die Zukunft maßgebenden Gemeinschuldnerschaft des Erblassers. Kein anderes Gericht kann zur Überwachung der Verwaltung und Verteilung des hinterlassenen Vermögens in gleichem Grade befähigt sein, wie das Gericht desjenigen Bezirks, in welchem der bisherige Träger dieses Vermögens seinen Wohnsitz, den Mittelpunkt seiner Lebensthätigkeit, gehabt hat. Lediglich mit Rücksicht auf das zur Verteilung gelangende Vermögen hat man das im Mittelpunkte desselben, im Gerichtsstand der Erbschaft (CPO. § 28) gelegene Amtsgericht zum Konkursgericht gewählt. Es wäre im höchsten Grade unpraktisch, statt dieses Gerichts lediglich deshalb, weil eine Person, für die doch aller Wahrscheinlichkeit nach von der Erbschaft nichts übrig bleibt, ihre Antrittserklärung abgegeben hat, nunmehr das Gericht des vielleicht weitentlegenen Erbenwohnsitzes zum Konkursgericht zu machen. Ist aber der Nachlaß einmal fortgeschafft aus dem Gerichtsstande der Erbschaft, so dürfte die Lage überhaupt keinen Raum für einen Nachlaßkonkurs lassen; vgl. v. Völderndorff II, § 64, Note 6 (S. 12). Der Gerichtsstand des § 202 ist darum angeordnet, weil derjenige des jetzigen Gemeinschuldners minder brauchbar wäre; also nicht, weil der Erblasser gegenwärtig Gemeinschuldner ist, sondern, obgleich er es nicht ist.

II. Nach dem Tode des Erblassers findet sein Vermögen entweder sofort einen neuen Herrn oder es erlangt einstweilen als ruhende Erbschaft eigene Rechtspersönlichkeit (s. Windscheid, § 531 Note 10; Arndts, § 465 Note 1). Die Schulden des Erblassers werden somit entweder Schulden eines Erben oder

Schulden des Nachlasses als einer juristischen Person: ein neues Subjekt trägt von nun ab Rechte und Schulden, mag nun die Hinterlassenschaft überschuldet sein oder nicht. In einem Nachlaßkonkurse ist demgemäß für die Zeit „nach" dem Tode des Erblassers Gemeinschuldner entweder ein Erbe[1]) oder die ruhende Erbschaft, repräsentiert durch ihre Organe, die Nachlaßvertreter. Letztere sind also nicht der Gemeinschuldner, sondern sie vertreten denselben, ganz so wie die Vorstandsmitglieder einer Aktiengesellschaft nicht Schuldner oder Gemeinschuldner, sondern Vertreter desselben sind. Der Erbe hingegen ist selber Schuldner, nicht Vertreter desselben. Es ist somit ungenau, Erbe und Nachlaßvertreter auf ein und dieselbe Stufe zu stellen. Schuld an dieser allgemein verbreiteten verkehrten Gleichstellung ist aber lediglich jene unselige Fiktion der Gemeinschuldnerschaft des toten Erblassers. Von ihr ausgehend nennt man den Erben Vertreter des Erblassers, des Gemeinschuldners. (Vgl. z. B. Protokolle, S. 117.) Allein der Erbe wird nicht Schuldner in Vertretung des Erblassers, sondern anstatt des Erblassers, denn der Erbe ist in der That der Schuldner und kein anderer, während der Vertreter in Wirklichkeit nicht der Schuldner ist, sondern der Vertretene.

Demgemäß trifft die Analogie zwischen den Nachlaßkuratoren und den Vorstandsmitgliedern einer Aktiengesellschaft zu, nicht aber die Analogie zwischen den letzteren und den Erben, und es ist also zwar richtig, die Nachlaßvertreter im Nachlaßkonkurse den Vorständen und Liquidatoren einer falliten Aktiengesellschaft gleichzuordnen, ungenau hingegen mit den letztern auch die Erben auf eine Stufe zu stellen und lediglich unter dem Gesichtspunkte dieser Analogie die Anwendbarkeit der §§ 92, 93, 115 auf die Erben im Nachlaßkonkurse zu folgern. (Das geschieht allgemein: vgl. z. B. v. Wilmowski, § 205, 2; Petersen-Kleinfeller, §§ 202 ff. 3; v. Sarwey, § 202, 1; Fitting, § 56, Note 12.)

Wir sagen vielmehr: weil der Erbe vom Erbschaftserwerbe ab selbst Schuldner, selbst Gemeinschuldner ist, finden die Vorschriften über Rechte und Pflichten eines Gemeinschuldners auf den Erben unmittelbar Anwendung. Der Erbe wird thätig, wo der Gemeinschuldner im Konkursverfahren thätig zu werden hat, und zwar überall suo nomine, während die Nachlaßkuratoren nicht eigene Rechte und Pflichten, sondern diejenigen eines Vertretenen, der hereditas iacens, ausüben. Der Gegensatz zwischen der Thätigkeit beider Subjekte und damit die Wichtigkeit dieser unserer Unterscheidung müssen an dem Punkte klar hervortreten,

---

[1]) Der Einfachheit halber sehen wir davon ab, daß der Erbe selbst eine juristische Person sein kann. [Bezüglich einer Mehrheit von Erben S. 9 f.]

wo die Handlungen des Vertreters vom Recht nicht mehr als Handlungen des Vertretenen behandelt werden, wo also die wirksame Stellvertretung aufhört — und das ist vor allem das Gebiet der unerlaubten Handlungen. Der Erbe ist selber Schuldner und kann als solcher die Delikte der §§ 209—211 KO. begehen[1]), z. B. das Verbrechen des betrüglichen Bankerutts gemäß § 209 N. 1 dadurch, daß er in der Absicht, die Erbschaftsgläubiger zu benachteiligen, Nachlaßstücke verheimlicht oder beiseite schafft. Weil aber der Nachlaßkurator nicht selbst Schuldner ist, erscheint zweierlei ausgeschlossen:

a) einmal kann er selbst in seiner Eigenschaft als Nachlaßvertreter die Delikte der §§ 209—211 nicht begehen, denn Subjekt dieser Delikte ist nur ein „Schuldner";

b) zum andern aber kann auch der Vertretene diese Delikte nicht begehen, denn eine juristische Person ist willens- und demgemäß deliktsunfähig — Subjekt von Verbrechen kann nur der willensfähige Mensch sein. In diesem Punkte hört die wirksame Stellvertretung auf: das Delikt mag unter Umständen den Vertretenen civilrechtlich haftbar machen, es wird darum doch nicht sein Delikt.

Kurz: die strafbaren Handlungen der §§ 209—211 können, wenn eine juristische Person Schuldnerin ist, überhaupt nicht begangen werden. Ganz so liegt die Sache bei der Aktiengesellschaft: weder sie als juristische Person noch ihre Vorstände als solche können jene Delikte begehen. Es ist ja freilich denkbar, daß ein Vorstand eine Handlung begeht, die den objektiven Thatbestand eines solchen Delikts durchaus an sich trägt, z. B. dadurch, daß er in der Absicht, Gesellschaftsgläubiger zu benachteiligen, Vermögensstücke der Gesellschaft verheimlicht oder beiseite schafft. Allein der subjektive Thatbestand wird dadurch nicht erfüllt, der Vorstand als solcher kann keinen betrüglichen Bankerutt begehen. Eben aus diesem Grunde hat man die ausdrückliche Bestimmung des § 214 für notwendig erachtet und die Strafvorschriften der §§ 209—211 gegen gewisse Vertreter bestimmter Schuldner anwendbar gemacht. Hat also ein Vorstandsmitglied der in Vermögensfall geratenen Aktiengesellschaft eine Handlung begangen, welche die Merkmale eines jener Delikte an sich trägt, so wird dasselbe bestraft, wie wenn es einen betrüglichen (§ 209) oder einen einfachen (§ 210) Bankerutt oder eine Begünstigung gemäß § 211 begangen hätte,

[1]) Es handelt sich selbstverständlich hier nur darum, daß der Erbe als Erbe d. h. in Bezug auf den Nachlaß jene Delikte begeht. Wenn er etwa von seinem eigenen Vermögen übermäßige Summen durch Aufwand u. s. f. verbraucht hätte, wäre er nach § 210 N. 1 nicht schon bei Konkurseröffnung über den Nachlaß oder Einstellung der Nachlaßzahlungen, sondern nur bei eignem Vermögensverfall strafbar.

nicht weil es diese Delikte begangen hat. Wird also auch ein Vorstand gemäß § 209 bestraft, so ist doch der Gemeinschuldner nicht wegen betrüglichen Bankerutts verurteilt und dementsprechend nicht etwa ein Zwangsvergleich nach §§ 162 und 172 unzulässig oder zu verwerfen. Ebensowenig ist die Flucht eines Vorstandes der Gesellschaft zuzurechnen, während allerdings die Verweigerung des Offenbarungseides seitens eines Vertreters Eidesverweigerung des Gemeinschuldners ist, denn diese liegt im Bereiche wirksamer Stellvertretung. (So mit Recht Petersen-Kleinfeller, §§ 193 f., 4 a. E., gegen Endemann, § 98, III). Die im § 214 normierte Anwendbarkeit jener Strafvorschriften betrifft indessen nur die daselbst genannten Vertreter der ebenda genannten Schuldner, also weder andere Vertreter (etwa Prokuristen) dieser Schuldner noch irgendwelche Vertreter anderer Schuldner, also auch nicht die Nachlaßvertreter. Man hielt im übrigen die Bestimmungen des § 212 und diejenigen des Strafgesetzbuchs über Betrug, Unterschlagung und strafbaren Eigennutz für ausreichend (Motive, S. 462); zudem können natürlich die im § 214 nicht genannten Vertreter unter dem Gesichtspunkte der Teilnahme strafbar sein.

Also: die Strafvorschriften der §§ 209—211 finden im Nachlaßkonkurse auf die Erben unmittelbar, auf die Nachlaßvertreter hingegen weder unmittelbar noch mittelbar Anwendung. Aus diesem Gegensatze folgt, daß die oben berührten Vorschriften über die Giltigkeit eines Zwangsvergleichs im Nachlaßkonkurse eine verschiedene Anwendung finden, je nachdem Gemeinschuldner der Nachlaß oder der Erbe ist:

a) Ist die hereditas iacens im Konkurs, so sind betrüglicher Bankerutt und Flucht des Gemeinschuldners ausgeschlossen; aber die Verweigerung des Offenbarungseides seitens eines Nachlaßkurators ist Eidesverweigerung des Cridars.

b) Ist hingegen ein Erbe Gemeinschuldner, so sind sämtliche drei Ungiltigkeitsgründe möglich; betrüglicher Bankerutt, Flucht und Eidesverweigerung des Gemeinschuldners können die Rechtsfolgen der §§ 162, 172, 183 und 184 nach sich ziehen. (Vgl. Stieglitz, § 206, S. 701; v. Sarwey, § 206, 2a, S. 866.)

Nachdem wir so den Unterschied zwischen der Stellung des Erben und derjenigen des Kurators im Nachlaßkonkurse vorausgeschickt haben, können wir auf die einzelnen Rechte und Pflichten dieser Personen eingehen.

1. Der Erbe bezw. der Nachlaßkurator in Vertretung der ruhenden Erbschaft hat folgende Rechte im Konkurse auszuüben und zwar bei einer Mehrheit von Erben oder Nachlaßvertretern als Gesamtheits- bezw. als Einzelbefugnisse je nach den allgemeinen

Grundsätzen des bürgerlichen Rechts, sofern nicht die KO. ausdrückliche Bestimmungen enthält: sie sind befugt und zwar nach § 205, Abs. 1 als einzelne zum Eröffnungsantrag und sie allein zur sofortigen Beschwerde gegen den Eröffnungsbeschluß (§ 95, 2) binnen einer Notfrist von zwei Wochen (CPO. § 540) seit der an sie von Amtswegen (KO. § 66, 2) zu bewirkenden Zustellung dieses Beschlusses; sie sind vor Erlaß des letztern zu hören, wenn der Eröffnungsantrag nicht von ihnen ausging (§ 205, 2 vb. m. 97, 2 u. 3); sie sind zur Errichtung des Nachlaßverzeichnisses durch den Konkursverwalter nach § 113, 1 zuzuziehen; sie sind berechtigt zu den Anträgen der §§ 123 und 148, zum Vorschlag eines Zwangsvergleiches — aber eine Mehrheit nur als Gesamtheit (§ 206 mit 160) —, sowie zu den Anträgen der §§ 167 und 169, 2, zur sofortigen Beschwerde gegen die Vergleichsbestätigung oder -Verwerfung gemäß § 174 und zum Einstellungsantrag nach § 188; sie sind weiterhin befugt, Einwendungen gegen die Schlußrechnung des Verwalters zu erheben und dieser insoweit die Anerkennung zu versagen (§ 78); sie endlich erhalten nach Konkursaufhebung gemäß § 177 und nach Konkurseinstellung gemäß § 192 das Recht freier Verfügung über den Nachlaß zurück.

2. Auf der andern Seite aber ist jeder „einzelne“[1]) Erbe oder Nachlaßvertreter zur Erfüllung der Pflichten eines Gemeinschuldners verbunden und den konkursmäßigen Beschränkungen eines solchen unterworfen. Demgemäß verlieren diese Personen mit der Eröffnung des Verfahrens die Befugnis, die Nachlaßmasse zu verwalten und über dieselbe zu verfügen (§ 5); die von ihnen über Nachlaßrechte nach Konkurseröffnung vorgenommenen Geschäfte leiden an der relativen Nichtigkeit des § 6. Ferner ist jeder einzelne Erbe oder Kurator zur Auskunftserteilung nach §§ 92 und 129, 2, sowie zur Leistung des Offenbarungseides nach § 115 verpflichtet und den persönlichen Beschränkungen des § 93 wie jeder andere Gemeinschuldner bezw. Vertreter[2]) eines solchen unterworfen. (Vgl. namentlich Petersen-Kleinfeller a. a. O.) Auch die nach Ermessen des Gerichts zu erlassenden Maßregeln des § 111 sind auf die Gemeinschuldner im Nachlaßkonkurse anwendbar.[3])

---

[1]) Vgl. Protokolle, S. 117; Fitting, § 56, II, mit § 33, III; v. Wilmowski, § 205, 2 m. 194,1; Stieglitz, 205, II a. E. mit S. 83.

[2]) z. B. ein Vormund im Konkurse des Mündels; s. Endemann, § 13, III.

[3]) Dagegen trifft der in Reichs- und Landesgesetzen normierte und durch die KO. in § 20 aufrecht erhaltene Ausschluß eines Gemeinschuldners von bestimmten bürgerlichen und staatsbürgerlichen Rechten (z. B. vom Wahlrecht, von der Befähigung zum Schöffen-, Geschwornen- und Handelsrichter-Amt, zum freien Eintritt in eine Innung u. s. w.) den Erben als Gemein-

Diese unsere Aufstellung ist nun aber weder hinsichtlich des Ausgangspunktes noch hinsichtlich der Durchführung im Einzelnen anerkannt. Ganz abgesehen davon, daß eine zusammenhängende Entwicklung dieser grundlegenden Frage bei der stiefmütterlichen Behandlung des Nachlaßkonkurses in der Litteratur nirgends versucht ist, sind über die einzelnen Punkte die regelwidrigsten Behauptungen entweder ohne jede oder doch unter durchaus unzureichender Begründung aufgestellt. Am schroffsten hat v. Völderndorff zu § 205 g den gegnerischen Standpunkt vertreten, aber keinen besondern Anklang gefunden. Neuerdings hat jedoch Kohler, S. 313 die Anwendung von Zwangsmitteln gegen Erben und Nachlaßvertreter ebenfalls schlechthin für unzulässig erklärt, ohne — wie uns scheint — einen überzeugenden Beweis zu erbringen.

§ 3.

Übersicht über die Voraussetzungen eines Nachlaßkonkurses.

Wenn über einen Nachlaß ein selbständiges Konkursverfahren eröffnet werden soll, müssen drei Voraussetzungen erfüllt sein, nämlich

1. eine begriffliche: die Sonderhaftung des Nachlasses,
2. eine materiellrechtliche: die Überschuldung desselben,
3. eine formellrechtliche: ein gehöriger Eröffnungsantrag.

Die Feststellung der erstgenannten Voraussetzung ist Aufgabe der Wissenschaft; die beiden andern sind vom positiven Recht gesetzt und erfordern dementsprechend eine minder eingehende Darstellung als jene erste.

Im folgenden wollen wir nun zunächst das Wesen der begrifflichen Voraussetzung [§ 4], sodann die einzelnen begrifflich möglichen Fälle eines Nachlaßkonkurses [§§ 5—7], sowie die Zulässigkeit eines Konkurses über einen Erbteil [§ 8], hierauf die materiellrechtliche [§ 9] und schließlich die formellrechtliche [§ 10] Voraussetzung betrachten.

---

schuldner im Nachlaßkonkurse nicht. Denn bezüglich seiner eignen Vermögensverhältnisse liegen diejenigen Thatsachen nicht vor, die eine solche Herabminderung der Persönlichkeit rechtfertigten. Der Erbe behält ja bezüglich seines eignen Vermögens die volle Verfügungsmacht und trägt dafür, daß die Hinterlassenschaft sich in einer zum Konkurs führenden Zerrüttung befindet, jedenfalls nicht die Verantwortung. Auch verlangt nicht etwa das Interesse der Gläubiger die Anwendung jener gesetzlichen Beschränkungen, wie es die Durchführung der zum Gläubigerschutz gesetzten konkursrechtlichen Zwangsmaßregeln erheischt. Bez. der Beschränkungen s. v. Wilmowski, S. 461; Endemann, § 26, I, A. u. Motive, S. 438 f.

Die Voraussetzungen im Einzelnen.

I. Die begriffliche Voraussetzung.

§ 4.

1. Worin besteht die begriffliche Voraussetzung?

Das positive Recht unserer KO. beantwortet, wie schon bemerkt, diese Frage nicht: Feststellung und Ausführung der begrifflichen Voraussetzung eines selbständigen Konkursverfahrens ist Aufgabe der Wissenschaft auf Grund des bürgerlichen Rechts.

Die Motive gebrauchen im Hinblick auf dieses Erfordernis Ausdrücke wie „Selbständigkeit des Nachlasses“ (S. 440), „selbständiges Vermögensganzes“, „rechtlich getrenntes selbständiges Vermögen“ (S. 452); die Kommentatoren außerdem: „abgeschlossenes Vermögensganzes“ (v. Sarwey, § 202,2), „rechtlich eine Vermögenseinheit“ (Petersen-Kleinfeller, § 43,3); die Systematiker: „selbständiger Vermögensinbegriff“ (Fuchs, § 39), „rechtlich selbständige Vermögensmasse“ (Fitting, § 56, Endemann, § 101) u. s. f.

Allenthalben ist von einer „Selbständigkeit“ oder „Einheit“ des Nachlasses die Rede im Gegensatz zu den einzelnen Vermögensrechten, aus denen die Erbschaft besteht. Dieser Charakter einer Vermögenseinheit des Nachlasses geht — wie man im Anschlusse an die Motive S. 223 ausführt — durch vorbehaltlosen Erbschaftserwerb unwiederbringlich verloren, so daß eine danach erfolgende Absonderung nimmermehr zu einem selbständigen Konkursverfahren über die unzulänglichen bona hereditaria führen kann: „rechtlich bleiben es einzelne Sachen“ (Mot. a. a. O.), über „den als Vermögenseinheit verschwundenen Nachlaß“ kann es ein selbständiges Konkursverfahren nicht geben (Stieglitz, § 43, II, 2.) Also: weil die abgesonderten bona hereditaria rechtlich einzelne Sachen, nicht ein rechtliches Vermögensganzes sind, hat der abgesonderte Nachlaß diejenige Eigenschaft nicht mehr, welche die Voraussetzung eines selbständigen Konkurses bildet.

Auf den besonderen Fall der Gütertrennung können wir an dieser Stelle noch nicht näher eingehen; es sei aber bereits hier betont, daß die Litteratur des gemeinrechtlichen Konkursprozesses einen Konkurs über die abgesonderten bona hereditaria durchaus als statthaft angesehen hat (vgl. v. Bayer, § 21, I; Fuchs, Konkursverfahren, § 1, 1 a.) Die Entdeckung dieser für ein selbständiges Konkursverfahren vorauszusetzenden Eigenschaft der Masse ist demnach eine Entdeckung der neuesten Zeit, deren Fundstätte die angegebene und in sämtliche Kommentare übergegangene Stelle der Motive ist. Allein bei aller Achtung vor der hohen wissenschaftlichen Bedeutung der letzteren können wir nicht umhin, die auffallende Einmütigkeit, mit welcher die Kommentatoren in dieser vom positiven Recht ja nicht entschiedenen Frage Stellung genommen haben, auf Rechnung einer allzu sklavischen Abhängigkeit von den Motiven zu setzen. Wer bei Erwägung der Frage nach der begrifflichen Voraussetzung eines selbständigen Konkursverfahrens vom Wesen und Zweck des Konkurses ausgeht, dürfte schwerlich zum gleichen Ergebnisse gelangen.

Das Konkursverfahren verwirklicht die Haftung einer unzulänglichen Vermögensmasse im Wege gemeinsamer und gleichmäßiger Befriedigung aller auf diese Masse angewiesenen Gläubiger. Das Bedürfnis nach einer solchen „Universalexekution" entsteht, sobald die Unzulänglichkeit der Masse zu einer Collision unter den Gläubigern führt (v. Bayer, § 1; Fuchs, Konkursverfahren, § 1), sobald also die vollständige Befriedigung eines einzelnen von ihnen die andern gleichgutberechtigten in unbilliger Weise benachteiligen muß. Mit andern Worten: sobald eine Masse zur vollständigen Befriedigung der darauf angewiesenen Gläubiger nicht mehr ausreicht, verlangt die Billigkeit, daß an Stelle des Präventionsprinzipes (melior est condicio occupantis) das Konkursprinzip, der Grundsatz der „Verlustgemeinschaft" (Kohler, § 1) trete. Dieses Bedürfnis stellt sich aber zweifellos ohne jede Rücksicht auf den Umfang der verhafteten Masse, namentlich ohne Rücksicht darauf ein, ob sie das ganze Vermögen des Schuldners oder nur ein abgegrenzter Teil desselben ist. Haftet nämlich eine Sondermasse des schuldnerischen Vermögens ausschließlich, so daß eine Mehrheit darauf angewiesener Gläubiger das übrige Vermögen überhaupt nicht oder doch zunächst nicht angreifen kann, so entsteht ganz gewiß auch bezüglich dieses Vermögensteiles sofort mit dessen Unzulänglichkeit das Konkursbedürfnis. Mit letzterm freilich ist nicht zugleich die Möglichkeit eines Konkurses bejaht.

Bei der Frage nun, welche Eigenschaft eine Masse haben muß, damit begrifflich ein selbständiges Konkursverfahren über sie „möglich“ ist, kann ausschlaggebend einzig und allein die Haftung sein, denn Konkurs ist — wie gesagt — Haftungsverwirklichung zu Gunsten einer Vielheit von Gläubigern. Demnach erfordert der Konkursbegriff keine andere Eigenschaft einer Masse als diejenige, daß die sämtlichen in ihr vereinigten Vermögensrechte jener Vielheit von Gläubigern auf ein und derselben Stufe verhaftet sind. In diesem Sinne müssen allerdings alle Vermögensrechte der Masse etwas „Einheitliches“ haben, eben das gemeinsame Schicksal gleichmäßiger, und wenn ein Sonderkonkurs über einen Teil des schuldnerischen Vermögens statthaft sein soll, das gemeinsame Schicksal gleichmäßiger und ausschließlicher Haftung. In keinem andern Sinne erfordert der Konkursbegriff eine „Einheit“ oder „Selbstständigkeit“ des verhafteten Vermögens. Insbesondere bedarf es wohl kaum einer ausdrücklichen Erwähnung, daß die verhafteten Vermögensrechte nicht eine besondere Einheit bilden müssen, um Gegenstand konkursmäßiger Verwertung sein zu können — sie werden ja als einzelne verwertet, die Konkursmasse ist nichts anderes als eine Summe einzelner pfändbarer Vermögensrechte. Auch darüber besteht nicht der mindeste Zweifel, daß jene allgemein geforderte „Vermögenseinheit“ nicht identisch mit Rechtspersönlichkeit ist; sonst könnte ja von einem Konkurse über die mit Vorbehalt erworbene Erbschaft nicht die Rede sein. Allein gleichwohl verbindet die gemeine Lehre mit dem Erfordernisse der Vermögenseinheit eine andere Bedeutung als diejenige, die wir aus dem Konkursbegriffe gefolgert haben. Das erhellt deutlich aus der entschiedenen Verneinung der Möglichkeit eines selbständigen Konkurses über den aus dem Vermögen des vorbehaltlosen Erben abgesonderten Nachlaß. Worin aber diese Vermögenseinheit bestehen muß, und inwiefern sie begrifflich die Voraussetzung eines Konkurses bildet: das sind Fragen, auf die uns die Vertreter jener Lehre die Antwort schuldig geblieben sind.

Unsere Aufstellung bedarf nun noch in einzelnen Punkten einer näheren Bestimmung. Wir haben gefolgert: die Konkursmöglichkeit ist mit der gleichmäßigen und ausschließlichen Haftung, das Konkursbedürfnis mit der Unzulänglichkeit der einer Gläubigermehrheit verhafteten Masse gegeben.

1. Der Konkursbegriff setzt also eine Mehrheit von Gläubigern voraus: Das Verfahren ist eben — das sagt schon der Name — ein cursus creditorum, in dem ein unvermeidlicher Verlust aus Rücksichten der Billigkeit auf alle Gleichberechtigten

verhältnismäßig verteilt werden soll. Um eines einzigen Gläubigers willen hätte darum ein Konkursverfahren keinen Sinn. Eine andere Frage aber ist die, ob es praktisch ist, die Konkurseröffnung vom Nachweise des Vorhandenseins einer Mehrheit von Gläubigern mit collidierenden Interessen abhängig zu machen, oder ob es sich nicht vielmehr empfiehlt, das Verfahren auf eine mögliche Mehrheit von Gläubigern anzulegen und demgemäß auch auf Antrag eines einzigen die Eröffnung auszusprechen. Im letzteren Sinne hat sich unsere KO. entschieden (s. Kohler, § 19; Endemann, § 9, V; v. Sarwey, § 94, 3; v. Wilmowski, § 94, 1): ein Verfahren wird eröffnet und durchgeführt, auch wenn nur ein einziger Konkursgläubiger auftritt; aber alle diejenigen, die aufzutreten befugt wären, unterliegen den für die Konkursgläubiger aus dem Verfahren erwachsenden Folgen, namentlich auch die nicht teilnehmenden nach KO. § 178 den Wirkungen eines Zwangsvergleichs[1]) (Kohler, a. a. O.).

Unser positives Konkursrecht hat demnach den Konkursbegriff insofern abgeschwächt, als es sich mit einer „möglichen“ Mehrheit von Gläubigern begnügt; andrerseits aber erscheint dieser Begriff in unserm Recht dadurch verschärft, daß die Befugnis zum Eröffnungsantrage und zur Teilnahme am Verfahren nur solchen Gläubigern zusteht, die einen persönlichen, zur Zeit der Eröffnung begründeten und im Konkurse anmeldbaren Vermögensanspruch an den Gemeinschuldner haben: nur sie sind „Konkursgläubiger“ (KO. § 2; s. Endemann. § 14).

2. Eine Summe pfändbarer Vermögensrechte muß insoferne eine Einheit bilden, als sie einer Mehrheit derartiger Gläubiger gleichmäßig und ausschließlich verhaftet sein muß. Diese Ausschließlichkeit der Haftung, die — wie angedeutet — für

---

[1]) Die Befugnis zum Eröffnungsantrag ist demnach zwar ein wirkliches prozessualisches Recht — im Gegensatz zur sog. Antragsberechtigung des Strafrechts (vgl. Wach, Grundriß zur Vorlesung über Strafrecht, § 73, I); allein sie ist ebensowenig wie letztere im bloß individuellen Interesse gegeben, sondern berührt in ihren Wirkungen die Privatinteressen aller derer, denen z. B. der Eröffnung des Konkurses eine anmeldbare Forderung zusteht; ja sie wirkt im öffentlichen Interesse, was namentlich daraus hervorgeht, daß der staatliche Strafanspruch bezüglich der Delikte nach §§ 209 ff. KO. in seiner Ausübung von der (nur auf Antrag erfolgenden) Konkurseröffnung abhängt; sowie daraus, daß mit letzterer weitgehende Beschränkungen des Gemeinschuldners in der Teilnahme am öffentlichen Leben verknüpft sind [oben Seite 10 Note 3]. Eben darum aber weil das Antragsrecht nicht nur im Einzelinteresse, sondern in demjenigen der Gesamtgläubigerschaft, ja im allgemeinen staatlichen Interesse besteht, glauben wir (mit Kohler: „über prozeßrechtliche Verträge und Kreationen“ in Gruchots Beiträge, Bd. XXXI, S. 319, gegen v. Wilmowski, § 97. 3) die Befugnis zum Eröffnungsantrage als ein der Parteivereinbarung nicht unterliegendes, unverzichtbares R. erklären zu müssen.

die Frage der Zulässigkeit eines Sonderkonkurses maßgebend ist, besteht darin, daß die Gläubiger entweder das übrige Vermögen des Schuldners überhaupt nicht oder doch nur subsidiär d. h. bezüglich eines bei der Exekution in die primär haftende Sondermasse etwa erlittenen Ausfalles angreifen können. Mit Kohler, (§ 19, S. 81) ist übrigens noch ein weiteres, für unsern Fall freilich minderwichtiges, Erfordernis hinzuzufügen: die Ausschließlichkeit der Haftung muß auf gesetzlicher Vorschrift beruhen, indem vertragsmäßige Beschränkungen der Haftung auf Stücke des schuldnerischen Vermögens „wenn auch bei der gewöhnlichen Exekution, doch nicht bei der Konkursexekution in Geltung treten können, weil die Ordnung des Konkurses einer derartigen Regelung widerstrebte". Wir glauben dieser Ansicht um so mehr beipflichten zu müssen, als eine Parteivereinbarung gewiß außer Stande ist, die Grundlage zu einem Verfahren abzugeben, das in seinen Wirkungen weit über die Interessensphären der beteiligten Privaten hinausreicht und so stark das soziale und öffentliche Leben ergreift, wie der Konkurs. [Vgl. S. 15, Note 1.] Wenn also etwa ein Kaufmann, der mehrere selbständige Handelsniederlassungen betreibt, mit den Gläubigern einer Niederlassung vereinbart, daß ihnen unter allen Umständen nur das Vermögen dieser Niederlassung verhaftet sein solle, so können die Gläubiger, wie mächtig sich auch bei Unzulänglichkeit dieses Vermögens das Konkursbedürfnis fühlbar machen dürfte, gleichwohl nicht einen Sonderkonkurs über die ihnen ausschließlich haftende Niederlassung beantragen. Das ist auch mit der Billigkeit wohl vereinbar, denn kraft ihres eignen Willens haben ja die Gläubiger ihre Vollstreckungsrechte derart eingeengt. Anders liegt dagegen die Sache, wenn das Gesetz für die Gläubiger verschiedener Geschäfte ein unumstößliches „separatim in tributum vocari" vorschreibt, wie fr. 5 § 16 de tributoria actione XIV, 4. (S. Windscheid, § 484 Note 16 und bezüglich der Behandlung dieses Falles im gemeinrechtlichen Konkursverfahren: v. Bayer, § 21, III; Fuchs, Konkursverfahren, § 1, 1, c.). Jene Bestimmung des römischen Rechts ist heute unpraktisch.

Fassen wir nun das Ergebnis unserer Ausführung in Anwendung auf den Nachlaßkonkurs zusammen, so ergibt sich folgender Grundsatz:

Ein selbständiges Konkursverfahren über einen Nachlaß ist begrifflich möglich, wenn die vom Erblasser herrührenden Vermögensrechte einer Mehrheit persönlicher Gläubiger kraft Gesetzes ausschließlich verhaftet sind. Demnach sind drei Hauptfälle eines Nachlaßkonkurses denkbar:

1. über eine ruhende,

2. über eine mit Vorbehalt erworbene und
3. über eine wiederum abgesonderte Erbschaft.

Diese Fälle sind nun im einzelnen zu betrachten.

2. Die begrifflich möglichen Hauptfälle.

§ 5.

a. Der Nachlaßkonkurs über eine ruhende Erbschaft.

„Hereditas iacens“ oder „ruhende Erbschaft“ heißt der Nachlaß in der Zeit vom Tode des Erblassers bis zum Erwerb durch den Erben. (Koeppen, § 2; Windscheid, § 531.) In diesem Stadium ist unbestrittenermaßen ein selbständiges Konkursverfahren über die — von der herrschenden gemeinrechtlichen Lehre als juristische Person aufgefaßte — Erbschaft begrifflich möglich, denn die vom Erblasser herrührenden Vermögensrechte bilden kraft Gesetzes die ausschließliche Befriedigungsquelle seiner sämtlichen persönlichen Gläubiger.

Unter diesen Gesichtspunkt fallen nun aber eine Reihe verschieden gearteter Fälle, die wir in vier Gruppen zusammenfassen wollen:

1. Es fehlt einstweilen an der wirksamen Berufung, obgleich nicht ausgeschlossen ist, daß sich Erben finden;
2. es fehlt (lediglich) noch am Erwerbe;
3. Berufung und Erwerb sind ungewiß; möglicherweise also schon eingetreten;
4. der Nachlaß ist erblos; es steht also fest, daß sich keine Erben finden.

I. Es fehlt an der wirksamen Berufung.

Hieher gehört namentlich der Fall der aufschiebend bedingten Erbeseinsetzung, wenn die Bedingung zur Zeit des Todes des Erblassers noch nicht erfüllt ist. Das trifft insbesondere dann zu, wenn ein am Todestage bereits empfangener postumus berufen ist: „seine Berufung erfolgt unter der condicio iuris der lebenden Geburt“. Erst die Erfüllung der Bedingung ist für den heres extraneus Delation (mit ius deliberandi), für den suus Acquisition (mit ius abstinendi). Koeppen, S. 75 ff.

II. Es fehlt noch am Erwerbe.

Auch in diesem Stadium ist ein selbständiges Konkursverfahren über die ruhende Erbschaft möglich und zwar selbst dann, wenn der Erbe nach bürgerlichem Recht eine Überlegungsfrist hat, während welcher er sich auf Forderungen der Erbschaftsgläubiger nicht einzulassen braucht. (KO. § 204.) Das heutige gemeine Recht kennt nun zwar — von einem einzigen Falle abgesehen, vgl. Koeppen, S. 135 — eine „gesetzliche" Deliberationsfrist nicht, weder für die Wahl zwischen aditio und repudiatio, noch für den Gebrauch des beneficium abstinendi. Allein einmal kann der Erblasser die Einsetzung vom Antritt binnen einer bestimmten Frist abhängig machen, zum andern kann sich der Berufene — sowohl gegenüber dem Drängen der Nachlaßgläubiger auf Entscheidung als aus eignem Antriebe — vom Richter oder Landesherrn eine Überlegungsfrist setzen lassen, mit deren unbenutztem Verstreichen er der Ausschlagungsbefugnis (nach Justinianischem Recht) verlustig geht. Diese Grundsätze über das tempus deliberandi finden auf den heres suus entsprechende Anwendung. (Koeppen, § 16, a. E.)

Schon nach gemeinrechtlichem und ebenso nach französischem Konkursverfahren war die Deliberationsfrist, wie die Motive S. 451 f. ausführen, kein Hindernis für die Konkurseröffnung; nur die preußische KO. (§ 324) gewährte während dieser Zeit dem Erben eine Einwendung gegen die Eröffnung des Nachlaßkonkurses, eine Vorschrift, deren Unhaltbarkeit von den Motiven so eingehend dargethan wird, daß hier ein einfacher Verweis genügen mag.

III. Berufung und Erwerb sind ungewiß.

In den beiden ersten Fällen (I und II) ist es gewiß, daß gegenwärtig Berufung bezw. Erwerb nicht vorliegen; in den jetzt zu erörternden Fällen liegen sie möglicherweise vor.

Wir trennen zwei Klassen, indem wir die „Ungewißheit der Erbberechtigung" [1]) von der Ungewißheit über die Person des Berufenen scheiden:

1. Unter dem Gesichtspunkte der „Ungewißheit der Erbberechtigung" begreifen wir mit Koeppen § 9 diejenigen Fälle, in welchen der Berufene selbst über die wesentlichen Punkte seiner Erbberechtigung Gewißheit nicht haben kann, somit er selber im Zweifel sein muß

a) über die Existenz seiner Erbberechtigung, weil z. B. der Tod des Erblassers oder weil die Echtheit seines Testamentes für den Berufenen [2]) ungewiß ist;

b) über den Umfang seiner Erbberechtigung: „certus

---

[1]) „Erbberechtigung" heißt bei Koeppen (S. 10, 11, 18) die „rechtliche Möglichkeit, sich zum Erben zu machen": Windscheid, § 536, Note 3.

[2]) Letzteres, wenn dritte Personen der Fälschung beschuldigt sind; der Berufene kann hier keine absolute Gewißheit haben. Richtet sich aber die Anklage der Fälschung gegen ihn selbst, so muß er Gewißheit haben und — „si certus sum, non esse falsum testamentum ...., possum adire hereditatem" Koeppen, S. 113).

esse debet, an pro parte, an ex asse heres existat" fr. 93 pr. de A. v. H. 29,2;

c) über den Grund seiner Erbberechtigung: „certus esse debet, an ex testamento an ab intestato heres existat" eod.

Eine Ungewißheit anderer Art ist juristisch irrelevant (Koeppen, S. 116, o.), so auch die der „Wirkung der Berufung" d. h. wer selber im Zweifel ist, ob er heres voluntarius oder necessarius, kann trotzdem eine rechtsgiltige Entscheidung treffen (ib. S. 113).

Die genannten Fälle der Ungewißheit hingegen machen die Ausübung der Erbberechtigung unmöglich: weder Antritt noch Ausschlagung können giltig erklärt werden — „si quis dubitet, vivat testator necne, repudiando nihil agit" (fr. 13 § 1 eod.) und „ex quibus causis repudiantem nihil agere diximus, ex iisdem causis nec pro herede gerendo quidquam agere sciendum est" (fr. 21 § 2 eod.) „Es bleibt also der Nachlaß, weil der erklärte Antritt nichtig ist, eine hereditas iacens, für die auf Verlangen ein Kurator bestellt werden muß, sofern nicht aus besonderen Gründen der mutmaßliche Erbe den provisorischen Besitz der Erbschaft beanspruchen darf" (z. B. bei fraglicher Echtheit des äußerlich fehlerfreien Testamentes eine missio Hadriana; näheres bei Koeppen a. a. O.) Das kann indessen auch nur dann gelten, wenn das Erbewerden einen Antritt voraussetzt, also für den extraneus, nicht aber für den suus. Zwar hat der suus ebenfalls ein Wahlrecht, das demjenigen des extraneus sehr ähnlich ist, und kann, solange dieses Wahlrecht ein ungewisses ist, ebensowenig wie der extraneus eine giltige Entscheidung treffen; aber, während der extraneus sich für Antritt oder für Ausschlagung zu entscheiden hat, ist der suus vor die Wahl zwischen Behalten und Erwerbsrückgängigmachung („Abstinenz") gestellt: einstweilen wird er Erbe mit Rechtsnotwendigkeit, also auch trotz einer für ihn bestehenden Ungewißheit. Wir müssen also genauer die Sachlage wohl folgendermaßen kennzeichnen: bei Ungewißheit des Wahlrechts im erwähnten Sinne ist der Nachlaß notwendig ein ruhender, sofern ein extraneus als erwerbsberechtigt in Frage steht, der Nachlaßkonkurs in dieser Zeit also notwendig ein Gesamtkonkurs. Steht dagegen ein suus als Erwerber in Frage, so hat möglicherweise in ihm der Nachlaß sein Subjekt gefunden, der Nachlaßkonkurs ist also möglicherweise ein Sonderkonkurs — denn die Inanspruchnahme seines eignen Vermögens schließt der suus durch Berufung auf die Ungewißheit aus (s. Koeppen S. 110).

2. Zur Ungewißheit über die Person des Berufenen rechnen wir

a) vor allem die Ungewißheit über dessen Sein — also: ein Abwesender steht als heres in Frage, von dem es ungewiß ist, ob er noch lebt, namentlich weil seit längerer Zeit jede Nachricht über ihn fehlt. (Wäre er aber bereits für „verschollen" erklärt, so stände er nicht mehr als heres in Frage.)

Lebt der Abwesende noch, so kann der Nachlaßkonkurs ein Gesamtkonkurs jedenfalls dann sein, wenn der Abwesende ein extraneus: meist fehlt ihm mit der Nachricht vom Erbfall jede Antrittsmöglichkeit; dagegen ist er stets ein Sonderkonkurs, wenn der noch lebende Abwesende ein suus ist: denn wäre auch eignes Vermögen desselben der inländischen Gerichtsgewalt erreichbar, so kann doch das Recht der Ungewißheit wegen einen Zugriff auf dasselbe nicht gestatten.

Lebt der Abwesende jedoch nicht mehr, so ist der Konkurs ein Gesamt- oder ein Sonderkonkurs, je nachdem der nach dem Verstorbenen Berufene ein extraneus oder ein suus ist.

b) Die Ungewißheit über sein Wesen d. h. über eine die Voraussetzung des Erbrechts bildende Eigenschaft. Hieher gehört insbesondere der Fall, daß das Erbrecht eines geschlechtsunreifen Deszendenten (lediglich) wegen Bestrittenheit seiner Kindschaft fraglich ist. (Näheres Koeppen, S. 360 ff.)

Der Nachlaßkonkurs in dieser Zeit der bestrittenen Kindschaft ist ein Sonderkonkurs, wenn der impubes ein suus; ein Gesamtkonkurs, wenn der impubes ein extraneus — aber Deszendent ist. Wäre jedoch der impubes nicht Deszendent, so ist der Konkurs ein Gesamtkonkurs, sofern nicht ein suus, der z. B. der vermutlichen Kindschaft nur als Miterbe neben dem extraneus in Frage steht, ipso iure Alleinerbe geworden ist.

Es sei schließlich noch bemerkt, daß unter diese Fälle (sub 2) nicht die Ungewißheit über das „Werden", also nicht der Fall zu rechnen ist, in welchem als heres ein nasciturus in Frage steht. Hier ist vielmehr gewiß, daß gegenwärtig Berufung bezw. rechtsnotwendiger Erwerb nicht vorliegen: der Fall gehört also unter I und II.

IV. Erblosigkeit des Nachlasses.

Sie liegt vor, wenn sich ein Erbe weder kraft letzten Willens noch kraft Gesetzes gefunden hat. (Zum Ganzen: Windscheid, § 622; Koeppen, § 65; Baron, § 425, III.) In solchem Falle wird der Fiskus — und ihm vorgehend gewisse Körperschaften bezüglich der erblosen Hinterlassenschaft ihrer Glieder, Windscheid, § 570, Note 6 und 7 — zur „Universalsuccession in den erblosen Nachlaß“ berufen; von selbst jedoch werden sie nicht Erben, sondern sie haben die Wahl zwischen Antritt und Ausschlagung: wer antritt, wird „heredis loco“.

1. Zu einem selbständigen Konkurse über den überschuldeten Nachlaß kommt es nun:

a) wenn der Fiskus u. s. w. ausgeschlagen;

b) wenn er vorschriftsmäßig d. h. unter gehöriger Inventarisation angetreten hat — dann hat er „dieselbe rechtliche Stellung wie der Benefizialerbe“, haftet also den Gläubigern des Nachlasses nur, soweit letzterer reicht. [Näheres: § 6.]

Ersternfalls ist der Konkurs ein Gesamt-, letzternfalls ein Sonder-Konkurs als Konkurs über einen Teil des im übrigen der Haftung entzogenen fiskalischen Vermögens.

Ganz die gleiche Stellung wie der Fiskus hat derjenige, der ihm die Erbschaft abgekauft hat. Dieser Erbschaftskäufer ist ausnahmsweise Gesamtnachfolger, haftet also im nämlichen Umfange wie sein Rechtsvorgänger — nach vorschriftsmäßiger Inventarisation somit ebenfalls nur, soweit der gekaufte Nachlaß reicht. Da nur der Erbschaftskauf vom Fiskus eine Gesamtnachfolge begründet, ist unser Fall zugleich der einzig mögliche, in welchem ein Erbschaftskäufer als Gemeinschuldner im Nachlaßkonkurse erscheint.

2. Ausgeschlossen ist ein selbständiger Nachlaßkonkurs hingegen nach vorschriftswidrigem Antritt. In diesem Falle muß der Fiskus schon darum die Nachlaßgläubiger voll befriedigen, weil er ihnen durch Unterlassung der Inventaraufnahme „den Beweis des Bestandes der Erbschaft unmöglich gemacht hat“ (Windscheid, § 622, Note 3). Auch hier haftet der Käufer des Nachlasses dessen Gläubigern wie der verkaufende Fiskus, also bis zur vollen Befriedigung. Beidemal entfällt mit der Sonderhaftung des Nachlasses die begriffliche Möglichkeit eines selbständigen Konkurses über ihn.

Es ist nun aber in den bisher erörterten Fällen möglich, daß nach Konkurseröffnung ein Erbe auftritt und sich gleichwohl für Antritt bezw. Behalten der Erbschaft entscheidet. Erfolgt dann der Erwerb „cum beneficio inventarii“, was bei solcher Sachlage das Nächstliegende ist, so nimmt das Konkursverfahren seinen ungehinderten Verlauf; es verliert nicht den Charakter eines Nachlaßkonkurses, aber der bisherige Gesamtkonkurs wird ein Sonderkonkurs, denn fortan haftet im Nachlasse ein abgegrenzter Teil des im übrigen der Haftung entzogenen Vermögens ein und desselben

Subjekts (des Erben). Erfolgt dagegen der Erwerb vorbehaltlos,[1]) so entfällt zwar mit der „ausschließlichen" Haftung des nachgelassenen Vermögens die begriffliche Voraussetzung eines selbständigen Konkurses, weil Erbschaft und eignes Vermögen des Erben dann auf der gleichen Haftungsstufe stehen. Allein von selbst hört das einmal eröffnete Konkursverfahren nicht auf, denn unser Recht kennt nur „gerichtliche" Konkursbeendigungsgründe: eine Rückgängigmachung mangels Statthaftigkeit durch Entscheidung des Beschwerdegerichts (§ 105 KO.), sowie eine Beendigung nach normaler Abwicklung (nach Ausschüttung der Masse, § 151 f., und nach rechtskräftiger Bestätigung des Zwangsvergleichs, § 175) durch Beschluß des Konkursgerichts — Beendigungsgründe, welche die KO. als „Aufhebung"[2]) bezeichnet im Gegensatz zu der ebenfalls nur gerichtlichen „Einstellung" des Verfahrens auf Antrag des Gemeinschuldners bei einstimmigem „Gantverzicht" (§ 188) oder von Amtswegen bei Unzulänglichkeit der Masse zur Kostendeckung (§ 190). Andere Fälle der Aufhebung oder Einstellung eines Konkursverfahrens gibt es nicht (Kohler, S. 511 f.). Deshalb dürfen wir die „Aufhebung" des Nachlaßkonkurses, von welcher Dernburg (Preuß. PR., III, § 226) bei flüchtiger Berührung unseres Falles spricht, nicht für eine „Aufhebung" im technischen Sinne halten. Ebensowenig aber können wir eine „Einstellung" von Amtswegen oder auf einen dem § 188 nicht entsprechenden Antrag, wie sie Endemann (§ 96, II, B) bei Wegfall der Zahlungsunfähigkeit oder Überschuldung nach eröffnetem Verfahren konstruiert, für zulässig erachten. Vielmehr ist es Sache der Parteien, des jetzigen Gemeinschuldners und der Konkursgläubiger, wenn eine Fortführung des Verfahrens ihren Interessen zuwiderläuft, eine außerordentliche Beendigung desselben gemäß § 188 d. h. eine Einstellung auf Antrag des Gemeinschuldners unter allseitiger Einwilligung der stimmberechtigten Gläubiger zu veranlassen. Für die Konkursgläubiger aber liegt ein derartiges Interesse nicht immer vor:

1. Ist der Erbe selbst derart überschuldet, daß die Nachlaßgläubiger eine Verkürzung infolge der Konkurrenz mit dessen eignen Gläubigern befürchten müssen, so werden sie natürlich einem Antrage der Erben gemäß § 188 ihre Zustimmung versagen. Der Nachlaßkonkurs verläuft alsdann in der Eigenschaft

---

[1]) Sei es, daß der Erbe (etwa aus Pietät) den Willen hat, die Schulden des Erblassers zu bezahlen; sei es, daß er (etwa infolge Erbittung einer Überlegungsfrist oder Versäumung der Inventarisierungsfrist oder infolge ausdrücklichen Verbotes, Koeppen, § 34) der Rechtswohlthat verlustig ging.

[2]) Obschon die Fälle offenbar verschiedener Natur sind; nur die Beendigungsgründe der §§ 151 und 175 können als „ordentliche" bezeichnet werden. Anders v. Völderndorff, II, S. 643.

eines Sonderkonkurses weiter, nach dessen Beendigung aber den Nachlaßgläubigern die persönliche Inanspruchnahme des Erben gemäß § 152 KO. frei steht. [S. oben S. 4.[

2. Befindet sich dagegen der Erbe in günstiger Vermögenslage, so liegt eine Übereinkunft gemäß § 188 ebenso sehr im Interesse der Gläubiger als in demjenigen der Erben. Einerseits nämlich können jene die Fortsetzung eines Verfahrens, das — aller Voraussicht nach — doch nur zu teilweiser Befriedigung ihrer Ansprüche führt, nimmermehr wünschen; sie würden durch Widerspruch gegen die Einstellung nur ihre volle Befriedigung verzögern. Andrerseits wird der Erbe mit dem Einstellungsantrage nicht zurückhalten, denn, nachdem seine unbeschränkte Haftpflicht für die Nachlaßschulden einmal feststeht, muß ihm daran gelegen sein, der persönlichen und rechtlichen Beschränkungen eines Gemeinschuldners möglichst bald ledig zu werden und sich die Kosten eines fortdauernden Verfahrens zu ersparen — Erwägungen, die zur Antragsstellung auch denjenigen Erben drängen müssen, der wider seinen Willen die Rechtswohlthat verloren hat.

§ 6.

b. Der Nachlaßkonkurs über eine mit der Rechtswohlthat des Inventars erworbene Erbschaft.[1])

Während nach vorjustinianischem Recht der Erbe grundsätzlich für die Nachlaßschulden unbeschränkt mit seinem ganzen Vermögen haftet, sofern er nicht vertragsmäßig seine Haftung auf den Bestand der Erbschaft beschränkt, werden nach Justinianischem Recht die Nachlaßgläubiger kraft Gesetzes ausschließlich auf die Hinterlassenschaft angewiesen, wenn ihnen durch rechtzeitige und vorschriftsmäßige Aufzeichnung aller zur Erbschaft gehörigen Rechte und Schulden Gewähr gegen Unterschlagung von Nachlaßsachen geboten wird. Aus der Lehre von diesem sog. beneficium inventarii interessieren uns hier zwei Fragen:

1. Inwiefern ist bei einer mit der Rechtswohlthat des Inventars erworbenen Erbschaft die begriffliche Voraussetzung eines Nachlaßkonkurses gegeben?
2. Ist der § 204 KO. anwendbar auf die Inventarisierungsfrist?

I. Inwiefern ist ein Nachlaßkonkurs hier begrifflich möglich?

Die begriffliche Voraussetzung eines selbständigen Nachlaß-

[1]) Koeppen, § 34; Windscheid, § 606; Dernburg, Preuß. PR., Bd. III, § 221 ff.

konkurses ist nach unsern Ausführungen mit der gesetzlichen Sonderhaftung des mit Vorbehalt erworbenen Nachlasses gegenüber den Erbschaftsgläubigern gegeben. Die Haftungsfrage ist nun aber gerade für diesen Fall im gemeinen[1]) Recht äußerst streitig. Zwei Ansichten stehen sich gegenüber: nach der einen haftet der Vorbehaltserbe für die Erbschaftsschulden persönlich mit seinem ganzen Vermögen, aber nur bis zum Betrage des Nachlasses; nach der andern haftet er nur mit den zum Nachlasse gehörigen Vermögensstücken. (Siehe: Dernburg, Pandekten III, § 171, Note 13, und die daselbst angezogenen Reichsgerichtsentscheidungen.) Der ersten Meinung zufolge können also die Nachlaßgläubiger das eigene Vermögen des Erben angreifen, wie dessen eigne Gläubiger, aber nur bis zum Werte des Nachlasses; nach der zweiten bildet ihre alleinige Befriedigungsquelle die vom eignen Vermögen der Erben gesonderte Hinterlassenschaft.

Zur Entscheidung der Streitfrage sind wir hier nicht berufen; aber es ist klar, daß wir zur einen oder andern Ansicht Stellung nehmen müssen. Hiebei erscheint uns für die Richtigkeit der zweiten Ansicht ausschlaggebend unter den von Koeppen, S. 213, Note 2, und S. 216, Note 2, ins Feld geführten Gründen insbesondere der grundsätzliche Ausschluß der confusio im Falle der Überschuldung des Nachlasses: die Aufrechterhaltung der sonst durch confusio erlöschenden persönlichen und dinglichen Rechte, zu Gunsten wie zu Lasten des Erben, obgleich dieser zweifellos Eigentümer des Nachlasses ward (Windscheid, § 606, Note 14), ist ohne Annahme einer Sonderung beider Massen einfach undenkbar. So die herrschende Lehre (vgl. Förster-Eccius, § 270, Note 95). Freilich läßt sich in diesem Sinne c. 22 § 4 de iure delib. 6, 30 schwerlich auslegen; allein die Einführung der Rechtswohlthat durch Justinian ist nicht etwas unerhört Neues, sondern lediglich die Erhebung eines Rechtssatzes, der als regelwidriger seit langem galt, zur Rechtsregel (c. 22 cit. pr. u. § 1), und es ist demgemäß die im Eingang der Justinianischen Verordnung gekennzeichnete Wirkung der Rechtswohlthat unbedenklich auch für das Justinianische Gesetz als maßgebend zu erachten (A. M. Dernburg, Preuß. PR. III, § 223 Note 3). Wenn § 4 c. cit. wirklich etwas anderes sagt, so ist das höchstens ein Beweis dafür, daß der Verfasser dieses — wie Dernburg a. a. O. es nennt — „unausgetragenen und daher in wichtigen Beziehungen dunklen" Gesetzes den Geist jener ältern Verordnung nicht mehr erfaßt hat. Übrigens ist die erstgenannte Lehre nicht

---

[1]) Bezüglich des preußischen Rechts: Dernburg, III, § 223, Note 12; bez. des französischen: c. civ. art. 802 ff.; wegen § 2328 B. G. B. s. v. Sarwey, S. 395.

nur nicht folgerichtig, sondern bei der Lückenhaftigkeit des Gesetzes für dessen Anwendung unbrauchbar, so daß die Praxis längst eine Auslegung im Sinne der zweiten Ansicht geheiligt hat. (So namentlich Dernburg, Preuß. PR., Bd. III, § 223, Note 12.)

Wir sagen also mit Koeppen: „Das Beneficium bewirkt eine separatio bonorum, welche das eigene Vermögen des Erben der Exekution der Erbschaftsgläubiger entzieht und zum alleinigen Exekutionsfonds für sie die Erbschaft macht" (§ 34, S. 213; siehe auch Note 3).

Unter dem Gesichtspunkt dieser Lehre kann die Möglichkeit eines Nachlaßkonkurses nicht zweifelhaft sein: die gesetzliche Sonderhaftung des Nachlasses gegenüber allen Erbschaftsgläubigern ist gegeben.

Für einen Anhänger der hier zurückgewiesenen Lehre aber, die nicht eine Sonderhaftung des Nachlasses, sondern nur eine beschränkte persönliche Haftung des Erben anerkennt, dürfte es gegründete Schwierigkeiten haben, die von der gemeinen Theorie geforderte „rechtliche Selbständigkeit" und „Vermögenseinheit" des Nachlasses nach Erwerb durch den Vorbehaltserben als gegeben zu erachten. Von einer solchen Selbständigkeit kann ohne Annahme einer Gütersonderung einfach nicht die Rede sein. Demgemäß muß die auffallende Einmütigkeit, mit welcher Lehrbücher und Kommentare des Konkursrechts über die mit Vorbehalt erworbene Erbschaft einen Nachlaßkonkurs für möglich erklären — die Motive S. 223 sagen sogar „selbstverständlich" — doch etwas seltsam berühren. Sollten sie samt und sonders in dieser vielumstrittenen Frage des gemeinen Rechts die zweite Ansicht vertreten? Eine ausdrückliche Stellung für die letztere hat, soviel wir sehen, nur Kohler, S. 82, genommen.

Allein auch die von uns geforderte gesetzliche Sonderhaftung des Nachlasses scheint, wenn jene erste Ansicht die richtige ist, nicht vorzuliegen; denn die Nachlaßgläubiger dürfen dann das ganze eigne Vermögen des Erben unterschiedslos und unmittelbar in Anspruch nehmen, bis ein dem Werte des Nachlasses (zu welcher Zeit?) entsprechender Betrag aufgezehrt ist. Verneinen wir aber vom Standpunkte dieser Lehre aus die Möglichkeit eines Nachlaßkonkurses, so dürfte auch bei Richtigkeit der von uns vertretenen Ansicht der Konkurs über die mit Vorbehalt erworbene Erbschaft ein höchst problematisches Dasein fristen. Denn die gesetzliche Sonderhaftung des ererbten kann leicht in eine beschränkte Haftung des eigenen Vermögens umschlagen. Denken wir uns nur folgenden Fall: Der Erblasser hat als Vermögen ausschließlich Baargeld hinterlassen oder lediglich ein Gut, das vom Vorbehaltserben gegen

Baar verkauft[1]) wurde — und der letztere hat das Geld mit seinem Vermögen vermischt (vielleicht in der besten Absicht und zum Vorteil der Gläubiger). Es ist klar, daß jetzt der Vorbehaltserbe persönlich bis zur Höhe des mit seinem Vermögen vermengten Betrages den Nachlaßgläubigern haftbar ist. Wenn nun auf einmal Überschuldung und Konkursbedürfnis hervortreten, soll dann ein Konkurs, der vor Vermischung des Geldes statthaft war, unzulässig geworden sein? Nur eine kaum zu billigende theoretische Klügelei kann derartige Unterscheidungen festhalten. Noch seltsamer aber müßte es erscheinen, wenn die gemeine Lehre die von ihr geforderte „Vermögenseinheit" in einem nunmehr vom Erben wieder ausgeschiedenen Geldbetrage (in der Höhe des ererbten) gegeben erklärte.

In Wahrheit liegt die Sache so: wie die Sonderhaftung mit einer bestimmten Masse umschlagen kann in eine beschränkte persönliche Haftung, ebenso kann jede beschränkte persönliche Haftung sich in die Haftung einer Sondermasse verwandeln durch Ausscheidung einer solchen aus dem Vermögen des Schuldners, namentlich durch eine gehörig geeigenschaftete, zulässige Hinterlegung. Ist nun diese beschränkte persönliche Haftung kraft Gesetzes und gegenüber einer Mehrheit persönlicher Gläubiger eine beschränkte, so hat die durch Ausscheidung gesonderte Haftungsmasse diejenigen Eigenschaften, die nach unsern Ausführungen die begriffliche Voraussetzung für ein selbständiges Konkursverfahren bilden. Die mit dem Konkurs verbundene Inanspruchnahme des Erben auf den „gesamten" Betrag seiner Verpflichtungen aber wirkt die Ausscheidung einer so gearteten Masse, und im Hinblick auf die mit dem Konkurs notwendig werdende Ausscheidung kann vom Erben wie von einem Nachlaßgläubiger die Konkurseröffnung beantragt werden.

Wir halten also auch bei Richtigkeit der von uns nicht geteilten gemeinrechtlichen Lehre einen Konkurs über die mit Vorbehalt erworbene Erbschaft für zulässig. Ein solcher Konkurs ist übrigens ein Sonderkonkurs und nicht, wie die gemeine Lehre — ausgehend von jener verkehrten Fiktion der Gemeinschuldnerschaft des Erblassers — behauptet, ein „Universalkonkurs" (Mot. S. 440 f.; vgl. Förster-Eccius, I, S. 793; v. Sarwey, S. 395; v. Völderndorff, S. 549; Fuchs, S. 37 u. a.

II. Ist § 204 KO. auf die Inventarisierungsfrist anwendbar?

Um die Rechtswohlthat zu erwerben, muß der Erbe in

---

[1]) Ein solcher Verkauf ist vollgiltig; nur eine alienatio in fraudem creditorum unterliegt der Anfechtung. Koeppen, S. 213; Windsch. § 606, N. 14.

eigener Person oder durch einen Stellvertreter binnen dreier Monate seit Kenntnis von der Berufung (wenn die Erbschaft größernteils nicht am Orte seiner Anwesenheit liegt, längstens binnen eines Jahres seit dem Tode des Erblassers) das Nachlaßverzeichnis aufnehmen oder -- nach der Praxis — die gerichtliche Aufnahme unter Erklärung des Antrittes cum beneficio inventarii binnen 30 Tagen seit Kenntnis von der Berufung beantragen.

Diese Inventarisierungsfrist des gemeinen Rechts ist nun nichts weniger als eine Überlegungsfrist. Im Gegenteil: die Rechtswohlthat setzt die ausdrückliche oder stillschweigende Erklärung, Erbe werden bezw. bleiben zu wollen, voraus. Der Ungewißheit, welche die Überlegungsfrist für die Gläubiger mit sich bringt, soll hier durch eine alsbaldige entscheidende Erklärung vorgebeugt werden. Erbittung einer Überlegungsfrist und Antritt mit Vorbehalt schließen sich deshalb aus — derart, daß die gewissenhafteste Inventaraufnahme nach Erbittung einer Überlegungsfrist eine Haftung „in solidum secundum antiqua iura“ (c. cit. § 14) gegenüber den Nachlaßgläubigern nicht mehr abzuwenden vermag.

Allein in einem wesentlichen Punkte treffen diese grundsätzlich verschiedenen Fristen zusammen. Es muß nämlich auch während der Überlegungsfrist ein Nachlaßverzeichnis aufgenommen werden: „necessarium enim est omnimodo deliberantes inventarium cum omni subtilitate facere“ ibid. (Präjudiz: Windscheid, § 606, Note 4; Koeppen, § 16, II, 3.) Solange aber der Erbe mit der Aufnahme beschäftigt ist, braucht er sich auf keinen Erbschaftsanspruch einzulassen — eine Vorschrift, die also im römischen Recht für die Überlegungsfrist nur mittelbar, nur darum gilt, weil sie für die Inventarerrichtung gesetzt und diese (wie bemerkt) auch Pflicht der Überlegenden ist. (c. 22 cit. § 11.)

Unter diesem Gesichtspunkte haben wir uns trotz des Gegensatzes zwischen Überlegungs- und Inventarisierungsfrist für die Anwendbarkeit des § 204 KO. zu erklären. Wenn nämlich daselbst gesagt ist, eine „Überlegungs“frist hindere die Eröffnung des Nachlaßkonkurses nicht, so soll damit lediglich der Annahme entgegengetreten werden, als führe der Ausschluß einer Inanspruchnahme während dieser Frist notwendig auch zum Ausschlusse der Konkurseröffnung. (Gegen § 324 der preuß. KO. siehe die Motive S. 454 f.) Da nun jener Ausschluß einer Inanspruchnahme des Erben im römischen Recht nicht der Überlegungsfrist als solcher, sondern der Inventarisierungsfrist eigentümlich ist, muß § 204 der KO. folgendermaßen ausgelegt werden: Eine Frist des bürgerlichen Rechts, binnen welcher sich der Berufene oder der

Erbe[1]) auf Forderungen der einzelnen Gläubiger nicht einzulassen braucht, steht der Eröffnung eines Nachlaßkonkurses nicht im Wege.

Somit kann weder die Deliberations- noch die Inventarisierungsfrist des gemeinen Rechts ein Hindernis für die Konkurseröffnung bilden.

Anmerkung. Die Unverträglichkeit beider Fristen ist dem preußischen und französischen Recht fremd. Nach preußischem Recht erwirbt, wer die „gesetzliche" Überlegungsfrist unbenutzt verstreichen läßt, endgiltig — aber (gemäß dem deutschrechtlichen Grundsatze, daß der Erbe nur mit dem eine gesonderte Masse bildenden Nachlaßvermögen haftet) unter Vorbehalt des Inventars (Dernburg, Preuß. PR. III, § 218), für dessen Errichtung vom Ende der Überlegungsfrist an eine eigene Frist zu laufen beginnt (§ 222 ibid.). Die Deliberationsfrist geht also der Inventarisierungsfrist im preußischen Recht voran; während der erstern schon ist nach KO. § 204 eine Konkurseröffnung möglich: unsere Ausführung hat also für das preußische Recht keine Bedeutung. — Nach französischem Recht hat umgekehrt der Erbe zunächst eine gesetzliche Frist, „pour faire inventaire", und nach deren Ablauf erst eine besondere Überlegungsfrist, „pour délibérer sur son acceptation ou sur sa renonciation", c. civ. art. 795. Für die Dauer beider Fristen gilt die Vorschrift des art. 797: „l'héritier ne peut être contraint à prendre qualité, et il ne peut être obtenu contre lui de condamnation." Gemäß der oben gegebenen Auslegung gilt somit § 204 KO. auch schon für die Inventarisierungsfrist des französischen Rechts. (Vgl. bez. der Wirkung dieser Rechtswohlthat im französischen Recht: Zachariä-Dreyer, Bd. IV, § 619. Darüber, „ob und wie den unregelmäßigen und Testamentserben nach ihrer Einweisung in den Besitz die Rechtswohlthat des Inventars zu statten kommt", s. die in den Motiven S. 454, Note 1 angezogene Litteratur.)

§ 7.

c. Der Nachlaßkonkurs über eine auf Grund der Rechtswohlthat der Gütertrennung wieder abgesonderte Erbschaft.

Wenngleich die Erörterung gemeinrechtlicher Streitfragen durchaus nicht in den Rahmen unserer Aufgabe gehört, so zwingt uns doch einmal die Bestrittenheit für uns wesentlicher Punkte aus der Lehre vom sog. beneficium separationis, zum andern aber namentlich die Unhaltbarkeit der modernen Auffassung von der konkursrechtlichen Bedeutung dieses Instituts hier zu einem näheren Eingehen auf dasselbe.

Nach Pandektenrecht[2]) können Nachlaßgläubiger und Ver-

---

[1]) Mag er es endgiltig sein, wie der Vorbehaltserbe, oder widerruflich, wie der überlegende suus.

[2]) Vgl. zum Ganzen: Oertmann, „Das beneficium separationis im römischen und heutigen Recht", Grünhuts Zeitschrift, Bd. XVII, S. 257 ff. Ferner: Koeppen, § 35; Windscheid, § 607; Arndts, § 524; Dernburg, Pandekten, III, § 170; namentlich aber auch bezüglich der einzelnen Landesrechte, die sämtlich dieses Institut kennen, v. Sarwey, zu § 43, Nr. 4.

mächtnisnehmer zum Schutze gegen eine für sie nachteilige Konkurrenz mit den Erbengläubigern eine richterliche Verfügung dahin erwirken, daß die einzelnen Erbschaftsrechte vom übrigen Vermögen des Erben getrennt und zunächst ausschließlich zu ihrer Befriedigung verwandt werden. Damit aber, daß Nachlaßgläubiger und Vermächtnisnehmer aus Mißtrauen gegen die Vermögenslage des Erben die Gütertrennung verlangten, haben sie dessen persönliche Inanspruchnahme verschmäht: „recesserunt a persona heredis" und endgiltig das Recht, sich an die Person des Erben zu halten, verwirkt: „non poterunt reverti ad heredem" (fr. 5 und fr. 1 § 17 h. t. 42, 6; siehe Arndts, § 524, Note 3).

Das Gütertrennungsrecht ist nun nicht etwa subjektiv d. h. in dem Sinne unteilbar, daß nur von allen oder doch nur mit Wirkung für alle Absonderungsberechtigten das Gesuch gestellt werden könnte; vielmehr ist eine Gütertrennung möglich auf Antrag eines einzigen Nachlaßgläubigers oder Vermächtnisnehmers (dies ist allgemeine Lehre) und wirkt nur für wie gegen die Antragsteller[1]).

Dagegen ist dieses Recht allerdings ein unteilbares in Bezug auf das Objekt, insofern sich die auch nur von einem

---

[1]) Wer auf das Antragsrecht verzichtet oder dasselbe verwirkt hat, wird von der separatio nicht berührt, er „zählt zu den persönlichen Gläubigern des Erben" (Koeppen, § 35, Ziff. 3), kann sich also, während die sämtlichen abgesonderten Erbschaftsrechte zur Befriedigung der Antragsteller verwandt werden, nur an die Person des Erben halten. Er hat eben sein Wahlrecht zwischen der Person des Erben und der Erbschaft im ersteren Sinne ausgeübt. Allein dieser Satz kann auch nur dann gelten, wenn in der That ein solches Wahlrecht besteht: also nicht beim Erbschaftserwerb cum beneficio inventarii, wo von vornherein eine persönliche Inanspruchnahme ausgeschlossen ist [oben S. 23 f.]. Wer in diesem Falle die Gütertrennung nicht erbittet, kann gleichwohl nicht zu den persönlichen Gläubigern des Erben gezählt werden, und demgemäß kann, weil nur gegenüber diesen persönlichen Gläubigern des Erben die Erbittung der Rechtswohlthat einen Vorzug begründet, auch nicht behauptet werden, daß bei Erbschaftserwerb unter Vorbehalt die nichtabsondernden Gläubiger beschränkt seien auf den nach voller Befriedigung der absondernden etwa verbleibenden Rest des Nachlasses. (Anders von seinem Standpunkte aus Oertmann, S. 294). Trotzdem hat aber auch gegenüber dem Vorbehaltserben die Erbittung der Rechtswohlthat vor der Nichterbittung jedenfalls den Vorzug, daß das „allgemeine" Recht der Anfechtung von Veräußerungen durch den Erben — wie es erst die Gütertrennung begründet, Koeppen, S. 213 u. 219 — nur den absondernden Gläubigern zusteht.

Übrigens sei an dieser Stelle bemerkt, daß bei Erbschaftserwerb cum beneficio eine „Verwirkung" des Absonderungsrechts (im Gegensatz zum „Verzicht" auf dasselbe) nur eine gemeinsame Verwirkung sämtlicher Absonderungsberechtigten sein kann, da die hier in Betracht kommenden Verlustgründe (Fristverlauf, Vermischung, Veräußerung) alle Berechtigten gleichmäßig treffen, während die Verwirkung durch persönliche Inanspruchnahme der Erben hier ausgeschlossen ist.

Berechtigten erwirkte Gütertrennung auf die sämtlichen noch vorhandenen und trennbaren Erbschaftsrechte erstreckt, aber eben auf eine Summe einzelner Rechte. Es wird nicht eine hereditas als vorgestellte Einheit aller nachgelassenen Rechte und Schulden abgesondert. Darauf ist näher einzugehen:

Erstlich betrifft, wie bemerkt, nach der weitaus herrschenden Ansicht die Gütertrennung nicht alle Nachlaßgläubiger, sondern nur die berechtigten Antragsteller, so daß die Rechtswohlthat möglicherweise nur einem Teile der nachgelassenen „Schulden" zu gute kommt. Ferner ergreift sie die Erbschaftsrechte nur „soweit", als sie nicht unanfechtbar vom Erben veräußert oder untrennbar mit dessen Vermögen vermischt sind. (Koeppen, S. 221; Windscheid, § 607, a). Wenn also einzelne Nachlaßsachen redlich vom Erben veräußert, einzelne unscheidbar mit seinem eignen Vermögen vermengt sind, kann doch immer noch bezüglich der noch vorhandenen und vielleicht gar nicht oder nur schwer vermengbaren Nachlaßsachen („praedia vel mancipia vel pecora") eine Gütertrennung erwirkt werden. Das sagt klar und unzweideutig fr. 1 § 12 h. t. 42,6. Also weder eine Einheit der nachgelassenen Rechte und Schulden noch eine Einheit der nachgelassenen Rechte wird abgesondert. Wenn übrigens der Satz, die erbschaftlichen Aktiva können nur als „Vermögensganzes" ausgeschieden werden, nicht eine bloße Phrase sein soll, müßte die Gütertrennung

a) entweder überhaupt unmöglich werden, sobald Teile des Nachlasses durch Vermischung oder Veräußerung der Absonderung entrückt sind,

b) oder sie müßte sich doch auf den Wert des Nachlasses erstrecken und somit jede auf Kosten des letztern eingetretene Bereicherung des Erbenvermögens ergreifen.

Allein beide Bestimmungen sind im römischen Rechte nicht getroffen. Es ist nur so viel richtig, daß die Nachlaßgläubiger aus einer Mehrheit noch vorhandener nicht Absonderung einzelner bestimmter Nachlaßsachen verlangen können. Ein solches Begehren setzte ein dingliches Recht der Nachlaßgläubiger voraus, und diese dingliche Natur hat das Gütertrennungsrecht nicht. Denn es ist nicht ein Recht an einer Sache auf vorgehende Befriedigung aus ihrem Erlöse, wie das Pfandrecht; sondern es bedeutet lediglich die Befugnis, beim Gericht die Sonderung der vom Erblasser herrührenden Rechte vom eignen Vermögen des Erben verlangen zu dürfen und zwar mit der Maßnahme, daß einem causa cognita als zulässig erscheinenden Gesuch entsprochen werden muß. Allein auch die ausgesprochene Gütersonderung erzeugt noch kein Recht der Absondernden an den abgesonderten Gegenständen, sondern sie begründet lediglich einen Schutz gegen Veräußerungen des Erben und gegen den Zugriff seiner Gläubiger (Koeppen, § 35, Ziff. 3).

Eine Trennung der sämtlichen noch vorhandenen Nachlaßsachen wird aber darum verfügt, weil die Rechtswohlthat ihrem Wesen nach einen derartigen Schutz der Gläubiger bezweckt, daß alles, was noch vom Erblasser da ist, vor allen Dingen denen zu gute kommt, die des Erblassers Gläubiger waren. Sie sollen wider ihren Willen durch den Wechsel in der Person ihres Schuldners nicht schlechter gestellt werden. (Mot. S. 221).

Der weitaus regelmäßigste Fall ist nun aber freilich der, daß sämtliche Gläubiger die Absonderung zu einer Zeit begehren, da noch die sämtlichen Nachlaßsachen vorhanden sind, und diesen Normalfall hat das im Eingang des Digestentitels „de separationibus" gebrauchte Beispiel im Auge: da die sämtlichen Gläubiger eine Absonderung sämtlicher Nachlaßsachen erwirkt haben, wird, indem sich die Gläubiger des Erben mit dessen eigenem Vermögen zu begnügen haben, Konkurs über die Massen von gleichsam[1]) zwei Personen eröffnet — „quasi duorum fieri bonorum venditio" — „separatim quantum cuiusque creditoribus praestetur". Das Beispiel versteht unter „creditores" ebenso zweifellos die sämtlichen Gläubiger, die gesamte erbschaftliche Passivmasse, als unter „bona" die sämtlichen Erbschaftsrechte, die gesamte hinterlassene Aktivmasse; aber ebensowenig, als die sämtlichen creditores die Absonderung beantragen müssen, muß deren Gegenstand das ganze nachgelassene Aktivvermögen sein. Daß das von Ulpian gewählte Beispiel („ut puta") der Einfachheit halber auf den Normalfall angelegt ist, das ist ganz selbstverständlich; daraus läßt sich aber keineswegs mit Oertmann (S. 285 ff.) die Folgerung ziehen, daß die separatio des römischen Rechts den Nachlaß als einheitliches Ganzes ergriffen habe. Noch weniger jedoch wird man mit Oertmann (S. 285 u. 287) behaupten dürfen: „Folge der Gütertrennung sei, daß es so angesehen werde, ac si hereditas adita non esset" (fr. 1 § 6 h. t.) Denn diese Stelle hat einen ganz andern Fall im Auge. Sie sagt: Den Gläubigern des Erben wird regelmäßig eine separatio nicht gewährt. Nur ganz ausnahmsweise („non facile") kann es einmal vorkommen, daß der Prätor „extra ordinem" gegen die Arglist („adversus calliditatem") eines Erben Hilfe gewährt, der lediglich, um seine Gläubiger zu benachteiligen, vorbehaltlos eine überschuldete Erbschaft angetreten hat. Oder — und das ist der citierte Paragraph — ein Erbe, der selber der Vermögenslage des Erblassers mißtraut, wird als Fiduciarius zum Antritt genötigt; wie er nun aber die Erbschaft restituieren will, stellt sich heraus, daß kein Fideikommissarius mehr da ist („deinde non sit, cui restituat").

---

[1]) „gleichsam": denn trotz der Gütertrennung bleibt der Erbe Eigentümer der abgesonderten Masse.

Auch er verdient Schutz gegen die Gläubiger des Erblassers — denn für sich hätte er die ihm „verdächtige“ Erbschaft nicht angetreten. Darum wird auf seinen eignen Antrag hin Konkurs über den Nachlaß eröffnet, ganz wie wenn ein Antritt nicht erfolgt wäre: „perinde testatoris bona venirent, atque si adita hereditas non fuisset“ — m. a. W.: das Recht betrachtet den Erbschaftsantritt durchaus (bezüglich des Erben wie bezüglich der Erbschaftsgläubiger) als nicht geschehen. — Das soll unsere separatio sein? Ganz gewiß nicht; auch dann nicht, wenn statt des Erben dessen Gläubiger solche Hilfe in Anspruch nehmen. Ulpian behauptet das auch gar nicht; er drückt sich unendlich viel vorsichtiger aus als Oertmann „quasi separatio quaedam“ — also doch in Wahrheit keine separatio im technischen Sinne. (Vgl. zur citierten Stelle: Koeppen, § 35, Note 7).

Wenn endlich die Quellen auch die separierte Masse wiederum als „hereditas“ bezeichnen (wie in fr. 5 pr. h. t.), so wird damit eine juristische Einheit der Erbschaftsrechte ebensowenig ausgedrückt[1]) wie durch die Titelrubriken „de hereditate vendita“ in D. 18,4 und C. 4,39, sowie durch den Gebrauch dieser Worte an zahlreichen Stellen der genannten Titel. Denn es erwirbt ja — mit einer einzigen Ausnahme [S. 21] — der Erbschaftskäufer „nicht die Erbschaft als solche, sondern er tritt in die einzelnen zu derselben gehörigen Vermögensrechte als einzelne ein“ (Windscheid, III, § 621,1). Der Sammelname hereditas soll eben lediglich die Ausdrucksweise vereinfachen. Wir reden ja in demselben Sinne von einer Separation des „Nachlasses“, von einer Veräußerung der „Erbschaft“.

Übrigens leitet Oertmann (S. 313) aus diesem Umstande, daß die Quellen auch nach der Gütertrennung noch von einer hereditas sprechen, auch die Bestätigung für eine andere hier wichtige Behauptung ab, nämlich dafür, daß der noch vorhandene Erlös aus einer veräußerten Erbschaftssache an die Stelle der letztern trete. Denn — sagt er — „bei der hereditas rückt pretium ipso iure in locum rei.“ Allein fr. 22 de hereditatis petitione 5,3 sagt nur: „Der unberechtigte Besitzer soll nichts vom fremden Gut gewinnen; er muß mit der Erbschaft auch alles das herausgeben, was er mit ihren Mitteln erlangt hat. Wäre der Preis wirklich Surrogat der Sache geworden, so könnte dem Erben nicht mehr die Vindikation derselben gestattet sein, was gleichwohl der Fall ist. Selbst vom dritten Besitzer kann er die Sache vindizieren u. s. w.“ Förster-Eccius, § 22. Es hat darum auch die neue gemeinrechtliche Lehre mit Recht die früher für eine sog. universitas iuris

[1]) gegen Oertmann, S. 297.

behauptete Eigentümlichkeit, daß bei ihr — im Gegensatze zur sog. universitas facti „pretium succedit in locum rei", samt dieser Unterscheidung verworfen. (Windscheid, § 42, Note 6 und die daselbst Citierten.) M. a. W.: Die Erbschaftsrechte müssen nicht eine besondere juristische Einheit bilden, wenn der Satz gelten soll, daß der noch vorhandene Erlös aus einer veräußerten Nachlaßsache deren Stelle einnehme, also Gegenstand der separatio werde. Sehr mit Recht bemerkt Förster-Eccius (a. a. O.): „Willenseinigung der Parteien oder gesetzliche Bestimmung können in einzelnen Fällen belieben, daß der Preis das Surrogat einer Sache sein, daß die Ansprüche an letztere auf jenen übergehen sollen." Und es sind denn auch in der That derartige gesetzliche Bestimmungen in einzelnen Ausführungsgesetzen zur KO., die doch nur von einer Absonderung der einzelnen Nachlaßgegenstände spricht (KO. § 43), getroffen worden: so im großh. sächs. A. G. vom 10. V. 79, § 20, sowie im bayerischen A. G. z. CPO. und KO. vom 23. II. 79, Art. 87, nach welchen die noch ausstehende Gegenleistung für eine veräußerte Nachlaßsache der Absonderung unterliegt. (Vgl. v. Sarwey, S. 397). Jedenfalls ist mit Belegen des römischen Rechts der auch von Dernburg (Preuß. PR. Bd. III, S. 679) behauptete Satz, daß alles, was an Stelle der ursprünglichen Nachlaßsachen getreten ist, der Absonderung unterliege, nicht zu erweisen. Übrigens spricht Dernburg weder an dieser Stelle noch in seinen Pandekten von einer Absonderung der hereditas als Einheit. Es ist also der von Oertmann angefochtenen Reichsgerichtsentscheidung vom 1. XII. 82 unbedenklich beizutreten: „Ein Rechtssatz des Inhalts, daß im Konkurs statt einer im Falle ihres Vorhandenseins zu separierenden, aber bei Eröffnung des Konkurses nicht mehr vorhandenen Sache der daraus gezogene Erlös oder ihr Geldwert separiert werden kann, besteht im gemeinen Recht nicht."

Steht es aber so einmal fest, daß die Gütertrennung des römischen Rechts die einzelnen Erbschaftsrechte ergreift, so ergibt sich die Unhaltbarkeit der von Oertmann (S. 296) aufgestellten Behauptung: die gemeinrechtliche „separatio" habe die hereditas als Einheit zum Gegenstande gehabt, die KO. hingegen habe „gewissermaßen ein ganz neues Rechtsgebilde" in der „Absonderung" der einzelnen Nachlaßgegenstände geschaffen. Diese Behauptung ist auch mit dem in den Motiven (S. 221 ff.) vertretenen Standpunkt ganz und gar unvereinbar.

Dieser Standpunkt ist für uns von größter Wichtigkeit und darum hier zu charakterisieren:

I. Das gemeine Recht hat (wie auch alle Partikularrechte) den Nachlaßgläubigern und Vermächtnisnehmern[1]) ein Absonderungs-

[1]) Ein Absonderungsrecht der Erbengläubiger hingegen wird von der

recht an den *Nachlaßgegenständen* gegeben. *Dieses* Absonderungsrecht ist — weil im Prinzipe gerechtfertigt, unmittelbar und erkennbar — so geeigenschaftet, daß *seine* Anwendung für das Konkursverfahren nicht bezweifelt werden kann.

II. Die KO. will nun ein Absonderungsrecht *weder schaffen noch dasselbe exklusiv abgrenzen*. Die Anerkennung desselben im Konkurse hat vielmehr zur Voraussetzung, daß ein solches [1]) nach Landesrecht besteht. Das *Landesrecht entscheidet über seine Natur*.

1. Deshalb sind Nachlaßsachen auch für den Konkurs alle diejenigen Gegenstände, denen das *Landesrecht* diese Natur beilegt z. B. nach § 2341 SBGB. die Forderung auf die Gegenleistung für einen veräußerten Nachlaßgegenstand. Soweit also in diesem Sinne „Nachlaßgegenstände" bei Konkurseröffnung vorhanden (§ 43 sagt nicht „noch vorhanden") sind, ist eine Absonderung während des ganzen Konkursverfahrens zulässig. [2])
2. Deshalb kann aber auch das Absonderungsrecht im Konkurse nicht *mehr* geltend gemacht werden, wenn es nach Landesrecht (z. B. durch Fristversäumnis oder persönliche Inanspruchnahme des Erben) verwirkt ist.
3. Und deshalb kann es endlich nur so, wie es nach Landesrecht besteht, im Konkurse geltend gemacht werden — mithin nicht an einzelnen „bestimmten" Sachen [s. S. 30].

III. Die Ausübung des Absonderungsanspruches kann — und das ist höchst selbstverständlich — durch eine Überschuldung des Nachlasses nicht bedingt werden. Wir scheiden demnach — mit *Kohler*, S. 83 — zwei Fälle:

1. „*Suffizienz der Nachlaßsachen*", wie es in den Motiven heißt; es reichen also die abgesonderten Erbschaftsrechte zur vollen Befriedigung aller Absondernden aus. Hier fehlt für einen Konkurs über die abgesonderte Erbschaft jegliche Veranlassung.
2. „*Insuffizienz des Nachlasses*." Da nun gemeinrechtlich [3]) die Gütertrennung nicht bedingt ist von einer Überschuldung oder einem Konkurse des Erben, aus dessen

---

KO. nicht anerkannt (KO. § 43 mit § 3). Damit ist namentlich das im ALR. I, 16, § 507 ff. den Gläubigern eines Erben, der vorbehaltlos eine überschuldete Erbschaft angetreten hatte, im Falle seines Konkurses gegebene Absonderungsrecht beseitigt. (Vgl. *Dernburg*, Preuß. PR. III, § 233 a. E.)

[1]) d. h. ein wahres Absonderungsrecht und nicht etwa ein Vorzugsrecht.

[2]) Anders, aber alleinstehend, v. *Völdernborff* I. S. 550.

[3]) *Oertmann*, § 7; daselbst über den abweichenden Standpunkt des ALR.

Vermögen abgesondert wird, so sind hier wiederum zwei Möglichkeiten zu trennen:

a) Der Erbe selbst steht nicht im Konkurse. Diesen Fall berühren die Motive nicht, weil der Regelung durch die KO. nur die Absonderung aus einer Konkursmasse unterliegt. Trotzdem dürfen wir diesen Fall nicht unbeachtet lassen. Denn es ist nirgends bestritten, es „unterliegt vielmehr — wie Kohler a. a. O. sagt — keinem Zweifel, daß hier über das separierte Vermögen ein Nachlaßkonkurs eröffnet werden kann."

b) Der Erbe selbst steht im Konkurse. Hier unterliegt also die Regelung des Absonderungsrechtes der KO., und demgemäß sprechen die Motive auch von diesem Falle. Sie behaupten: Bildung einer abgesonderten Masse der Nachlaßsachen und Anordnung eines Sonderkonkurses ist vorwiegend eine Frage der Zweckmäßigkeit. Daß und inwiefern aber ein solches Verfahren unzweckmäßig sei, sagen uns die Motive nicht, und das dürfte ihnen auch schwer fallen. Man braucht ja nur daran zu denken, wie dringend die gemeinsamen Interessen der Absondernden eine konkursmäßige Verwaltung und Verteilung des überschuldeten Nachlasses fordern müssen, um über die Zweckmäßigkeitsfrage ins Klare zu kommen. Die Motive sagen vielmehr nur: „Der Entwurf nimmt davon (d. h. von der Anordnung eines Sonderkonkurses) Abstand; die Nachlaßgläubiger und Legatare können ihre Absonderungsansprüche gegen den Konkursverwalter des vorbehaltlosen Erben auch ohne Eröffnung eines abgesonderten Konkurses über den Nachlaß verfolgen; die Eröffnung eines solchen würde ungerechtfertigterweise zur Beteiligung derjenigen Nachlaßgläubiger führen, welche ein Absonderungsrecht verwirkt haben." Das ist aber nicht eine Begründung, sondern lediglich eine neue, unbewiesene und — wie wir meinen — unrichtige Behauptung. Denn durch vorbehaltlosen Erbschaftserwerb sind die Nachlaßgläubiger persönliche Gläubiger des Erben geworden. Dieser hat sie voll zu befriedigen, auch wenn die Erbschaft überschuldet war. Gerät er nun selbst in Konkurs, so zählen die Nachlaßgläubiger als persönliche Gläubiger des Gemeinschuldners zu den Konkursgläubigern.[1]) Soweit sie das Absonderungs-

[1]) Unter Umständen kann der Verwalter den vorbehaltlosen Erwerb

recht nicht verwirkt haben, steht es ihnen frei, „recedere a persona heredis“ und unter Ausschluß der Erbengläubiger aus dem Nachlasse ihre Befriedigung zu suchen. Soweit sie aber das Absonderungsrecht verwirkt haben, bleiben sie persönliche, auf das Erbenvermögen angewiesene Gläubiger, eben Konkursgläubiger: ihre Teilnahme an einem Nachlaßkonkurse ist also nicht nur nicht notwendig, wie die Motive meinen, sondern geradezu unmöglich. Freilich werden durch solche Konkurrenz die Erbengläubiger verkürzt; dafür mögen sie sich bei ihrem Schuldner bedanken, der vorbehaltlos die überschuldete Erbschaft antrat. Auch hier gelten die allenthalben und auch von den Motiven citierten Worte der Quellen, die den Ausschluß eines Absonderungsanspruches der Erbengläubiger rechtfertigen sollen: „sibi enim imputent, qui cum tali contraxerunt“ (fr. 1 § 5) und „nam licet alicui adiciendo sibi creditorem creditoris sui facere deteriorem condicionem“ (fr. 1 § 2 h. t.).

Nach diesem mißglückten Begründungsversuche heißt es in den Motiven weiter: „Die Nachlaßsachen mögen geeignetenfalls in besonderer Verwaltung vereint werden; rechtlich bleiben es einzelne Sachen; durch den vorbehaltlosen Erbschaftserwerb hat der Nachlaß den Charakter einer Vermögenseinheit verloren.“ Das ist unseres Erachtens für das gemeine Recht die einzig richtige Auffassung von der Natur der Gütertrennung: „einzelne“ Sachen werden abgesondert. Allein in diesem Zusammenhange haben die angeführten Worte eine besondere Bedeutung, sie sind — so haben bis auf den heutigen Tag alle Lehrbücher und Kommentare des Konkursrechts die Stelle ausgelegt — der Grund für den Ausschluß eines Sonderkonkurses: die abgesonderten Rechte bilden keine Vermögenseinheit mehr, darum ist ein selbständiges Konkursverfahren unmöglich. Freilich paßt diese Argumentation recht schlecht zu der im gleichen Absatze geäußerten Behauptung, die Anordnung

---

anfechten; aber davon ist hier abzusehen. Dagegen sei bemerkt, daß in solchem Konkurse des vorbehaltlosen Erben auch die nichtabsondernden Vermächtnisnehmer zu den Konkursgläubigern zählen, ohne daß ihnen § 56 N. 4 KO. im Wege stände. Denn sie machen nicht Forderungen aus einer Freigebigkeit des „Gemeinschuldners“ geltend; anders, wenn über das abgesonderte Vermögen ein Nachlaßkonkurs eröffnet wird: den absondernden Vermächtnisnehmern steht hier § 56, N. 4 entgegen, denn Gemeinschuldner in dieser Richtung ist der Erblasser (Petersen-Kleinfeller, § 56, II. 3).

eines selbständigen Konkurses sei lediglich Zweckmäßigkeitsfrage.

Überblicken wir nun im ganzen den hier gekennzeichneten Standpunkt der Motive, so ist vor allen Dingen klar, daß sie für eine Lehre, wie sie Oertmann aufstellt, keinen Raum lassen. Die KO. hat kein Absonderungsrecht besonderer Art geschaffen, sie erkennt vielmehr das landesrechtliche als solches an.

Fernerhin drängt sich aber bei Betrachtung dieses Standpunktes unabweisbar eine Frage auf: Im gemeinrechtlichen Konkursverfahren war die Möglichkeit eines selbständigen Konkurses über die aus dem Vermögen des verganteten Erben abgesonderten Nachlaßgegenstände so zweifellos anerkannt, daß von einzelnen Auctoritäten sogar die Notwendigkeit eines Konkurses auch über den suffizienten Nachlaß behauptet ward (s. Oertmann, S. 287 ff.). Warum soll nun auf einmal mit Inkrafttreten unserer KO. dieser Fall des Nachlaßkonkurses unmöglich geworden sein? Nur zwei Antworten sind, da ja das positive Recht die Zulässigkeit nicht verneint, denkbar:

Entweder ist ein solches Konkursverfahren deshalb unmöglich geworden, weil im gegenwärtigen Reichsrecht der aus einer Gantmasse abgesonderte Nachlaß diejenigen Eigenschaften nicht mehr besitzt, die ein selbständiger Konkurs erfordert — das ist die Antwort, die (wie wir gezeigt, mit Unrecht) Oertmann gegeben hat;

oder ein Nachlaßkonkurs ist deshalb unmöglich geworden, weil unsere heutige Konkursrechtswissenschaft höhere Anforderungen — eine „Vermögenseinheit“, ein „rechtliches Vermögensganzes“ fordert, damit über eine Masse ein selbständiges Konkursverfahren eröffnet werden kann. So ist es auch in der That. Wir aber teilen diese Ansicht nicht. Wir haben oben gezeigt, daß der Konkursbegriff lediglich eine gesetzliche Sonderhaftung der Masse voraussetzt [s. § 4], und diese ist im vorliegenden Falle gegeben: die sämtlichen abgesonderten Rechte haften kraft des Gesetzes allen die Gütertrennung erwirkenden Nachlaßgläubigern ausschließlich. Ein Nachlaßkonkurs ist also zweifellos begrifflich möglich, ebenso zweifellos zweckmäßig (cf. Kohler, S. 83 f.) und vom positiven Recht nicht ausgeschlossen.

Demnach stellt sich eine Übersicht (im Gegensatz zu der von Oertmann, S. 305 gegebenen) einfach so:

1. Eine Absonderung ist möglich
   a) ohne Rücksicht darauf, ob der Nachlaß überschuldet oder nicht,
   b) ohne Rücksicht darauf, ob das Erbenvermögen überschuldet oder nicht.

2. Ein selbständiger Konkurs über den abgesonderten Nachlaß ist bei dessen Überschuldung immer möglich

a) ohne Rücksicht darauf, ob der Erbe mit Vorbehalt antrat oder nicht,
b) ohne Rücksicht darauf, ob der Erbe im Konkurse steht oder nicht.

Allein anerkannt ist diese unsere Meinung durchaus nicht. Sämtliche Kommentare und sämtliche Lehrbücher des Konkursrechts — mit Ausnahme von Kohler — verneinen im Anschlusse an die Motive die Zulässigkeit eines Sonderkonkurses über die abgesonderte Erbschaft. Statt dessen will man bei deren Unzulänglichkeit das Verteilungsverfahren der §§ 758 ff. CPO. eintreten lassen (Mandry, § 28, II, 1; Endemann, § 63, I. D), also den Erlös nicht durch den Verwalter nach konkursrechtlicher Rangordnung, sondern durch das Vollstreckungsgericht nach den Rangverhältnissen des bürgerlichen Rechts verteilen lassen. Demnach kämen für die Verteilung die §§ 54 ff. KO. nicht in Betracht (vgl. Seuffert, Kommentar zur CPO. § 760, N. 2) und es müßte selbst dann, wenn nach einmal erfolgtem Erbschaftserwerbe alle Nachlaßgläubiger so schleunig die Gütertrennung erbäten, daß noch sämtliche Erbschaftsrechte abgesondert würden, das Rangverhältnis unberücksichtigt bleiben, das unsere heutige Rechtswissenschaft für die „Universalexekution" als das gerechte erachtet und im § 54 KO. zum Gesetz erhoben hat. Ist hingegen der Erbe nicht selbst im Konkurse oder ist er Vorbehaltserbe, dann wird der Nachlaßkonkurs allenthalben für statthaft erklärt, und doch sind es möglicherweise ganz die nämlichen Gläubiger, die aus ganz den nämlichen Vermögensgegenständen ihre ausschließliche Befriedigung suchen. Mit Recht hat also Kohler S. 83 gesagt: „Aus § 43 geht nur hervor, daß ein Partikularkonkurs nicht stattfinden muß: die Separation muß ja auch berücksichtigt werden, wenn nur ein einzelner Gläubiger sie begehrt, sie muß berücksichtigt werden, und der Konkursverwalter muß sie respektieren" u. s. f. Was Kohler des weitern für die Konkurszulässigkeit anführt, sind freilich lediglich Zweckmäßigkeitsgründe, und man vermißt diesen Fall in der wissenschaftlichen Entwicklung des Nachlaßkonkurses auf Seite 70 f., in deren zu eng begrenzten Rahmen — „der Erbschaft muß ein selbständiges Dasein als Trägerin von Schulden zukommen" — er sich auch schwerlich einfügen lassen dürfte.

Unsere Pandektenlehrer stehen dagegen auch für das heutige gemeine Recht auf dem richtigen Standpunkte. So sagt Windscheid unter Bezugnahme auf KO. § 43 und §§ 202 ff.: ist zugleich die Erbschaft und das Vermögen des Erben überschuldet, so wird über sie neben dem Universalkonkurs ein Partikularkonkurs eröffnet (§ 607, Note 3). Auch Dernburg hat in seinen Pandekten (Bd. III, § 170, Note 9) die Anwendbarkeit der §§ 202 ff. KO. auf den abgesonderten Nachlaß schlechthin zugegeben und seine in Bd. III § 233 des Preuß. PR.s ausgesprochene Auffassung „in einzelnen Punkten für modificiert“ erklärt.

Anhangsweise seien schließlich noch einige Worte über die Anwendbarkeit des § 57 KO. auf die absondernden Nachlaßgläubiger beigefügt. Dieser § 57 sagt:

„Ein Gläubiger, welcher abgesonderte Befriedigung beansprucht, kann die Forderung, wenn der Gemeinschuldner auch persönlich für sie haftet, zur Konkursmasse geltend machen, aus derselben aber nur für den Betrag verhältnismäßige Befriedigung verlangen, zu welchem er auf abgesonderte Befriedigung verzichtet, oder mit welchem er bei der letzteren ausgefallen ist“.

Können demnach die absondernden Nachlaßgläubiger im gemeinen Recht für einen etwaigen Ausfall oder Verzicht als Konkursgläubiger verhältnismäßige Befriedigung suchen?

Die zweifellos richtige Antwort auf diese Frage gibt Petersen-Kleinfeller § 57 unter 1: „daß Absonderungsberechtigte, welchen gar keine Forderung an den Gemeinschuldner zusteht, sondern nur eine zur Konkursmasse gehörige Sache für ihre Forderung gegen einen Dritten haftet, am Konkursverfahren nicht Anteil nehmen können, ist selbstverständlich. In dieser Lage befinden sich beispielsweise ..... Nachlaßgläubiger und Vermächtnisnehmer, welche gemäß § 43 abgesonderte Befriedigung im Konkurse über das Vermögen des Erben verlangen, sofern ihnen das bürgerliche Recht die Befriedigung aus diesem Vermögen versagt“. Demnach müssen diejenigen, die (wie wir) in der Erwirkung der Absonderung ein endgiltiges „recedere a persona heredis“ erblicken, mit der persönlichen Haftung des in Konkurs befindlichen Erben auch die Möglichkeit der Geltendmachung eines etwaigen Verzichtes oder Ausfalles als Konkursforderung verneinen. Dabei ist es ganz gleichgiltig, ob der Erbe mit Vorbehalt antrat oder nicht — den Absondernden gegenüber haftet er von unserm Standpunkte aus in keinem Falle persönlich. Man sollte das für unbestreitbar halten. Gleichwohl ist Oertmann anderer Ansicht: v. Sarwey behauptet nämlich (S. 405) in unserem Sinne, die Geltendmachung eines Ausfalles im Konkurse des Erben sei dadurch bedingt, daß der Absondernde nach bürgerlichem Recht seinen persönlichen Anspruch an den Erben nicht verliere; im gemeinen Recht erblicke man in der Absonderung einen Verzicht; somit könne dort ein Absondernder nicht mehr als Konkursgläubiger auftreten. Diese Behauptung greift Oertmann (S. 298 ff.) nach zwei Richtungen an:

1. Sei es „zum mindestens zweifelhaft, ob der § 57 landesrechtliche Bestimmungen voraussetze“ — Begründung: Die Motive

zu § 57 (S. 271 ff.). Wie kann man einen solchen Satz aufstellen gegenüber dem unzweideutigen Wortlaut des § 57, „wenn der Gemeinschuldner auch persönlich für sie haftet!“ Woraus anders als aus dem bürgerlichen Recht soll sich diese persönliche Haftung ergeben? Dagegen beweisen die Motive gar nichts. Sie bezeugen uns nur (unter Berufung auf fr. 1 § 17 und fr. 5 h. t.), daß sie bezüglich des Erlöschens der persönlichen Haftung des Erben bei Erwirkung der Absonderung ganz derselben Ansicht sind, wie wir und — Oertmann (§ 21).

2. Wenn auch die „Separation“ eine persönliche Inanspruchnahme des Erben ausschließe, so liege die Sache doch anders bei der „bloßen Absonderung“. „Sie ist ja keine Trennung eines Vermögens in zwei abgesonderte Massen, welche eine vollständige Scheidung der Gläubiger in ebenfalls getrennte Gruppen rechtfertigen könnte, sondern nur die Absonderung einzelner Stücke“. Daß die römische separatio zu einer „vollständigen Scheidung“ der Gläubiger des Erben und des Erblassers führen müsse, behauptet Oertmann selbst nicht (siehe § 13). Seine Ansicht, daß die KO. ein Absonderungsrecht von besonderer Natur geschaffen, haben wir bereits zurückgewiesen. Wenn er aber weiterhin behauptet: Die einzelnen Erbschaftssachen „werden einigen Gläubigern zur besonderen Befriedigung überwiesen, und wo sie nicht genügen, da soll, nicht kann, ein persönlicher Anspruch bestehen bleiben“ — so dürfen wir wohl fragen, wo denn in der KO. dieses „soll“, dieses neue Recht der Absondernden — denn ein solches wäre es in der That — seinen gesetzlichen Ausdruck gefunden hat.

Nur so viel ist richtig: da v. Sarwey (mit der gemeinen Lehre) nicht nur den „Regreß an den Erben“, sondern auch die Möglichkeit eines Konkurses über die abgesonderten Nachlaßgegenstände verwirft, mag sich bei Überschuldung des Nachlasses das Verhältnis für die Gläubiger mißlich gestalten. Uns trifft dieser Einwurf nicht: die Nachlaßgläubiger mögen Konkurseröffnung über den abgesonderten Nachlaß beantragen, und ihre Sache ist es, so zeitig die Gütertrennung zu erwirken, daß „die wertvollsten Nachlaßgegenstände“ eben noch für sie gerettet werden. Jus vigilantibus scriptum est!

§ 8.

3. Der Nachlaßkonkurs über einen Erbteil.[1]

Im Vorstehenden haben wir nur solche Fälle ins Auge gefaßt, in welchen der ganze Nachlaß ein einheitliches Schicksal hatte: der ganze Nachlaß ruhte, der ganze Nachlaß mit Vorbehalt

[1]) Vgl. namentlich v. Sarwey, § 202, N. 4.

angetreten ward, oder die Gütertrennung in Bezug auf den ganzen (noch vorhandenen) Nachlaß erbeten wurde. Es sind nun am Schlusse dieses Abschnittes noch diejenigen Fälle zu betrachten, in denen verschiedene Erbteile sich selbständig und mit möglicherweise verschiedenem rechtlichen Schicksal gegenüberstehen. Die Frage ist also die: Unter welchen Voraussetzungen ist über einen Erbteil[1]), über eine Nachlaßquote, ein selbständiges Konkursverfahren begrifflich möglich?

Die Motive (S. 452) geben darauf zur Antwort: „Das Konkursverfahren wird in der Regel den ganzen Nachlaß zum Gegenstand haben, auch wenn mehrere Erben vorhanden sind. Sofern jedoch letzteren Falls der Nachlaß kraft des Gesetzes in verschiedene Erbteile zerfällt oder zufolge Auseinandersetzung der Miterben geteilt ist, so kann ein Konkursverfahren auch über den Erbteil eines unbekannten oder eines mit der Rechtswohlthat erbenden Miterben stattfinden, vorausgesetzt, daß der Erbteil im Verhältnis zu den Anteilen der anderen Miterben und im Verhältnis zu dem eigenen Vermögen des Erben ein rechtlich getrenntes, selbständiges Vermögen bildet. Über diese Voraussetzungen entscheidet das Civilrecht." Auch hier kehrt also das Erfordernis der „Selbständigkeit" des Vermögens wieder.

Wir werden dagegen von unserm Standpunkte aus das Entscheidende lediglich in der Ausschließlichkeit der Haftung erblicken und demgemäß die Antwort so fassen müssen: über einen Erbteil ist ein selbständiges Konkursverfahren begrifflich immer dann stattshaft, wenn die in diesem Erbteile vereinigten Vermögensrechte den Nachlaßgläubigern kraft Gesetzes ausschließlich verhaftet sind; wenn also die Nachlaßgläubiger für bestimmte Forderungsbeträge ausschließlich auf diesen Erbteil verwiesen sind, nicht einen andern Erbteil und nicht die Person des betreffenden Teilerben angreifen können.

Im gemeinen Recht (s. Koeppen, § 36) gilt nun der Satz: Erbschaftsschulden auf teilbare[2]) Leistungen sind unter mehrere Miterben von Rechtswegen geteilt; jeder Miterbe haftet also nur auf einen seinem Erbteil entsprechenden Betrag der Nachlaßforderungen.

---

[1]) Freilich ist eine Nachlaßquote nicht „der Nachlaß"; trotzdem muß man unbedenklich mit v. Wilmowski (zu § 202 a. E.) unter dem „Nachlaß" des § 202 auch einen (im gewissen Sinne) selbständigen Erbteil verstehen.

[2]) Schulden auf unteilbare Leistungen führen zu einfach solidarischen Obligationen; jeder einzelne Miterbe haftet also auf die ganze Leistung. Trotzdem kann, wenn die mehreren Miterben in Konkurs geraten, nicht im Konkurse eines jeden von ihnen nach § 61 die ganze Leistung geltend gemacht werden; denn nach § 62 verwandelt sich die Forderung im Konkurse nach ihrem Schätzungswerte in eine Geldforderung, die unteilbare Leistung wird zur teilbaren und es tritt deshalb (weil die Solidarität lediglich auf der Unteilbarkeit beruhte) — richtiger Ansicht zufolge — Teilhaftung ein. Dernburg, Pand. II, § 24, Note 6. Baron, § 245, Note 22.

Somit steht im gemeinen Recht fest: für einen bestimmten Betrag ihrer Forderungen können sich die Nachlaßgläubiger nur an einen der mehreren Miterben halten. Wenn nun aber ein Miterbe für den betreffenden Erbteil gegenwärtig fehlt (d. h. ganz allgemein, wenn sein Erwerb nicht feststeht, vgl. oben S. 17 ff.) oder wenn ein Miterbe mit Vorbehalt antrat oder wenn der Erbteil aus seinem Vermögen wieder abgesondert ward, kurz: wenn kein Erbe mit persönlicher Haftung hinter dem Erbteil steht, muß über letztern stets ein selbständiger Nachlaßkonkurs möglich sein.

Lediglich wegen der „Schwierigkeit, eine Quote der erbschaftlichen Aktiva zu ihrem vollen Werte zu veräußern" darf die Zulässigkeit des Konkurses über einen Erbteil nicht (wie Koeppen, S. 88 ff. ausführt) verneint werden. Man wird eben nicht „Vermögensquoten oder Quoten einzelner Rechte" zur konkursmäßigen Veräußerung bringen, sondern erst die Erbteilung durchführen lassen, die ja jeder einzelne Miterbe, somit beim Konkurse über den Erbteil auch der Konkursverwalter fordern kann. Diese Auseinandersetzung braucht keineswegs eine gerichtliche zu sein; alle Miterben haben ja ein Interesse daran, daß besondere Teilungskosten erspart werden.

Bemerkenswert für das gemeine Recht ist Art. XVII des preuß. Gesetzes, betr. die Einführung der KO. in die Hohenzollernschen Lande, vom 31. V. 1860: bei Erbenmehrheit soll ein Konkurs nicht über den ganzen Nachlaß, sondern nur über die den einzelnen Miterben zugefallenen Anteile statthaft sein. Ebenso schreibt Art XVIII des preuß. Gesetzes vom 3. II. 1864 betr. Einführung der KO. in den Bezirk Ehrenbreitstein „die Eröffnung des Konkursverfahrens über die Erbteile positiv" vor (v. Wilmowski, § 202, a. E. — v. Sarwey, a. a. O.)

Anders freilich gestaltet sich das Verhältnis, wenn nach dem betreffenden Landesrecht der Satz „nomina ipso iure sunt divisa" für die Nachlaßschulden nicht gilt. Vgl. namentlich wegen des preußischen Rechts: Förster-Eccius, Bd. I, § 116, Note 7; Bd. IV, § 271. Lasten die Nachlaßschulden ungeteilt auf der ganzen Erbschaft, so ist eben auch nur ein Konkurs über diese ganze Erbschaft, nicht über einen einzelnen Erbteil möglich.

II. Die materiellrechtliche Voraussetzung.

§ 9.

„Die Eröffnung des Verfahrens setzt die Überschuldung des Nachlasses voraus". KO. § 203.

Der Sprachgebrauch unserer Konkursrechtswissenschaft unterscheidet „Zahlungsunfähigkeit" („Insolvenz") und „Ueberschuldung" („Vermögensunzulänglichkeit, Insuffizienz").[1] „Zahlungsunfähigkeit" ist die auf einem nicht bloß vorübergehenden Mangel an Zahlungsmitteln beruhende Unfähigkeit eines Schuldners, seine fälligen Verbindlichkeiten zu erfüllen. „Überschuldung" ist das Überwiegen der Passivmasse eines Schuldners über seine Aktivmasse. Es ist klar, daß möglicherweise jemand überschuldet, aber doch zahlungsfähig, und umgekehrt zahlungsunfähig, aber doch nicht überschuldet ist. Im früheren gemeinen Recht und für den nichtkaufmännischen Konkurs auch noch nach § 322 der Preuß. KO. war nun Voraussetzung einer Konkurseröffnung die Überschuldung. Unsere KO. dagegen setzt regelmäßig Zahlungsunfähigkeit voraus (§ 94, Abs. 1) und stellt als praesumtio iuris et de iure für dieselbe die Zahlungseinstellung auf (§ 94, Abs. 2) d. h. die Thatsache der „Nichterfüllung der fälligen Geldschulden wegen eines voraussichtlich andauernden Mangels an Zahlungsmitteln" (Fitting, § 35, I). Der Beweis der Zahlungseinstellung[2]) erübrigt also denjenigen der Zahlungsunfähigkeit.

Regelmäßig ist demnach im heutigen Recht der Nachweis der Überschuldung weder erforderlich noch genügend. Zu diesem Resultate hat die Erkenntnis geführt, daß regelmäßig ein Vermögen

---

[1]) Vgl. namentlich Kohler, § 21, sowie die Motive zu § 94 und §§ 202 ff.

[2]) Derselbe ist meist leichter zu führen als derjenige der Zahlungsunfähigkeit. Die Zahlungseinstellung, deren Beurteilung dem freien richterlichen Ermessen unterliegt, kann z. B. klar im Schließen des Ladens, in Flucht oder Vergleichsanerbieten hervortreten. Vgl. die Kommentare zu § 94.

nicht als tote Masse für das Recht in Betracht kommt, sondern daß dahinter eine Person mit ihrer Erwerbsfähigkeit und ihrem Credit steht, deren „Aufschwung nicht durch eine unrichtige Konkurstheorie gehemmt werden darf. Denn es gibt Personen, die zu den glänzendsten Aussichten berechtigen, aber nur mit Schulden anfangen können“ (Kohler, S. 96). Allein diese Rücksichtnahme auf die wirtschaftliche Leistungskraft und Vertrauenswürdigkeit einer Person kommt bei einem zum Konkurs geeigenschafteten Nachlasse nicht in Betracht, denn bei Haftung eines solchen haben — wie die Motive S. 453 sich ausdrücken — „die Gläubiger lediglich aus einem von der Person ihres Schuldners losgetrennten Vermögensinbegriff, dessen Schicksal abgeschlossen ist, ihre Befriedigung zu suchen.“ [1]) Hier kann von Zahlungsunfähigkeit und Zahlungseinstellung nicht geredet werden, einzig ausschlaggebend muß die Überschuldung sein.

Die Frage ist nun die, was im § 203 unter Überschuldung zu verstehen ist.

I. Zunächst steht fest, daß Vermächtnisnehmer aus der begrifflich für einen selbständigen Konkurs geeigenschafteten Erbschaft

1. entweder überhaupt nichts bekommen können — so, wenn der Erbschaftserwerb nicht feststeht [oben § 5]; denn dann fehlt mit dem dies legati veniens die Möglichkeit einer Geltendmachung des Vermächtnisses —
2. oder doch erst nach Befriedigung der Gläubiger des Erblassers etwas zu beanspruchen haben, so
   a) aus der mit der Rechtswohlthat des Inventars erworbenen (c. 22 § 5 de iure delib. 6,30),
   b) aus der wiederum abgesonderten Erbschaft (fr. 6 de sep. 42,6).

So können denn die Vermächtnisnehmer, die — obgleich sie nicht des Erblassers, sondern des Erben Gläubiger sind — in fr. 40 de o. e. a. 44,7 ausdrücklich zu den Erbschaftsgläubigern gerechnet werden, immer nur für einen nach Tilgung der Schulden des Erblassers etwa verbleibenden Überschuß in Frage kommen: „aus einer insolventen Erbschaft aber werden Vermächtnisse nicht geschuldet.“ Hätte der Vorbehaltserbe (das sagt die oben angeführte c. 22 § 5 de iure delib., vgl. Koeppen, S. 215), der ja, wenigstens so

---

[1]) Das ist ein Umstand, den sich — wie Paulus in dem wiederholt citierten klassischen fr. 5 de sep. 42,6 bemerkt — die Nachlaßgläubiger vor Erbittung der Gütertrennung recht wohl überlegen müssen. Den Absondernden haften nur die „bona defuncti, quae augmenta non possunt recipere“; die Nichtabsondernden dagegen zählen zu den persönlichen Gläubigern des (vorbehaltlosen) Erben und „proprii heredis creditores habent propria eius bona et personam, quae potest donec vivit adquirere.“

lange er in bona fide ist, die einzelnen Gläubiger, wie sie sich melden, und sogar Vermächtnisnehmer vor den Gläubigern des Erblassers befriedigen darf (Windscheid, § 606, N. 11), zum Nachteile der letztern Vermächtnisse ausbezahlt, so hätten die Benachteiligten gegen die Vermächtnisnehmer eine condictio indebiti (kraft fingierter Cession) auf Rückforderung.

Aus dem Gesagten folgt: die Gläubiger des Erblassers haben, da sie vor allen Dingen in solidum zu befriedigen sind, solange ihre Forderungen die Kräfte des Nachlasses nicht übersteigen, nach einem Konkurse gar kein Bedürfnis. Für die Vermächtnisnehmer aber wäre ein Konkurs völlig aussichtslos, weil Forderungen aus einer Freigebigkeit des Schuldners nach unserm[1]) Recht (KO. § 56, N. 4) im Konkurse über dessen Vermögen nicht geltend gemacht werden können. Ein Konkurs würde nur den für die Vermächtnisnehmer überhaupt in Frage kommenden Betrag um die Kosten des Verfahrens verkürzen. Die Vermächtnisnehmer haben somit alles Interesse daran, die Gläubiger des Erblassers ohne Verursachung besonderer Kosten befriedigt zu sehen.

Also: eine Überschuldung im Sinne des § 203 ist zwar vorhanden, wenn die Schulden des Erblassers, nicht aber schon dann, wenn diese und die Vermächtnisforderungen zusammen die Höhe der Nachlaßaktiven übersteigen. Darum bemerkt Fitting (§ 56, Note 7) mit Recht: „Die bloße Unzulänglichkeit zur Deckung auch der Vermächtnisse genügt nicht." Nur darf man nicht mit Fitting für einzig ausschlaggebend die Unmöglichkeit der Geltendmachung von Vermächtnisforderungen im Konkurse (nach § 56, N. 4) halten. Maßgebend ist vielmehr in erster Linie die gemeinrechtliche Zurücksetzung der Vermächtnisse hinter die Schulden des Erblassers. Denn eine völlige Gleichstellung beider nach bürgerlichem Recht müßte zweifellos schon bei Unzulänglichkeit des Nachlasses „zur Deckung auch der Vermächtnisse" unabweisbar das Konkursbedürfnis für die Gläubiger des Erblassers begründen: freilich um so mehr in einem Recht, dessen Konkursordnung Vermächtnisforderungen völlig ausschließt; aber auch in einem solchen, das die Geltendmachung von Freigebigkeitsforderungen im Konkurse gestattete.

II. Nachdem so festgestellt ist, daß die Forderungen der Vermächtnisnehmer für die Frage der Überschuldung im Sinne des § 203 nicht ins Gewicht fallen, ist dieser Begriff noch für den Fall zu präcisieren, daß nur ein Teil der Gläubiger des Erb-

[1]) Dieser Grundsatz gilt nicht überall (vgl. Mot. S. 270 f.), aber er ist durchaus gerechtfertigt, und es wäre in der That „absurd" (wie c. 22 § 5 cit. sagt), die legatarii, die doch pro lucro certant, den Gläubigern des Erblassers gleichzustellen.

lassers Absonderung des Nachlasses aus dem Vermögen des vorbehaltlosen Erben erwirkt hat. Dann nämlich werden, wie wir sahen, in erster Linie die absondernden Gläubiger voll befriedigt. Was danach vom Nachlasse verbleibt, gebührt den absondernden Vermächtnisnehmern: „cum creditoribus solidum adquisitum fuerit, legatariis vel solidum vel portio quaeratur" (fr. 6 pr. de sep. 42, 6). Erst ein auch dann noch verbleibender Überschuß kommt als Stück vom eigenen Vermögen des Erben dessen persönlichen Gläubigern zu gute, zu denen alle Nichtabsondernden zählen: „hos enim cum creditoribus heredis numerandos" (fr. 1 § 16 eod.). Ausschließlich haftet der Nachlaß also nur den Absondernden; von diesen kommen aber nur die Gläubiger des Erblassers (nicht die Vermächtnisnehmer) hier in Betracht; somit ist die einen Nachlaßkonkurs rechtfertigende Überschuldung nur gegeben, wenn der Nachlaß zur vollen Befriedigung der absondernden Gläubiger des Erblassers, eben zur Befriedigung derer nicht hinreicht, die ausschließlich darauf angewiesen sind.

III. Schließlich bedarf der Begriff der Überschuldung einer näheren Bestimmung noch mit Rücksicht darauf, daß zur Passivmasse im Nachlaßkonkurse nicht nur solche Forderungen zählen, die schon gegenüber dem Erblasser begründet waren, sondern auch solche, die — wie Ansprüche aus nützlichen Verwendungen — erst nach dem Tode der Erblasser zu Lasten der Erbschaft entstanden sind. [Vgl. § 10, S. 60.] Demnach besteht die Passivmasse aus zwei Klassen von Forderungen: aus solchen, die vor, und aus solchen, die nach Ableben des Erblassers entstanden sind. Die Gläubiger beider Klassen nennen wir Nachlaßgläubiger im Gegensatze zu den Vermächtnisnehmern[1]).

Das Ergebnis unserer Ausführungen ist also dieses: Überschuldung ist Überwiegen der Passivmasse über die Aktivmasse. Bei Feststellung der Passivmasse sind einerseits nicht die Vermächtnisforderungen, andrerseits aber außer den schon gegen den Erblasser begründeten Forderungen auch die nach seinem Tode zu Lasten des Nachlasses entstandenen in Rechnung zu ziehen. Demnach ist der Begriff der Überschuldung im Sinne des § 203 zu bestimmen als die Unzulänglichkeit des Nachlasses zur Befriedigung derjenigen „Nachlaßgläubiger", die kraft Gesetzes „ausschließlich" auf den Nachlaß angewiesen sind. In dieser Weise muß der Nachlaß zur Zeit des Eröffnungsantrages (nicht

[1]) Auch der Sprachgebrauch der KO. trennt Nachlaßgläubiger und Vermächtnisnehmer, was aus der Nebeneinanderstellung beider in § 43 hervorgeht. Nichterwähnung der letztern in § 205 beweist demgemäß allerdings schon, daß den Vermächtnisnehmern die Befugnis zum Antrag auf Eröffnung des Nachlaßkonkurses nicht zusteht. (Vgl. v. Völd. § 205, f.)

notwendig beim Tode des Erblassers, cf. Dernburg, Preuß. PR. Bd. III, § 226) überschuldet sein.

Die Feststellung der Überschuldung, welche „vielfach durch die ohnedies gebotene Inventarisation des Nachlasses erleichtert wird" (Mot. S. 553), unterliegt freier richterlicher Würdigung. „Nach Aufhebung der positiven Beweisregeln" hat die KO. eine „weitere Erleichterung durch gesetzliche Fiktionen und Präsumtionen" — wie sie das preußische Recht kannte (s. Dernburg, a. a. O.) — für überflüssig erachtet. Insbesondere aber ist die Zahlungseinstellung des Erblassers, Erben oder Nachlaßkurators nicht, wie sonst die Zahlungseinstellung des Gemeinschuldners praesumtio iuris et de iure für dessen Zahlungsunfähigkeit ist, so hier eine unwiderlegbare oder doch einfache Rechtsvermutung der Überschuldung. Immerhin hat eine solche Zahlungseinstellung, namentlich für die Beschränkung[1]) der Konkursforderungscession nach § 42, der Aufrechnung nach §§ 48 und 49 und auch für das Konkursstrafrecht[2]) (§§ 209 ff.) ihre materielle Bedeutung, aber formell ist sie heute — wegen des ehemaligen preußischen und französischen Rechts vgl. die Motive S. 553 und Kohler, S. 97 — lediglich ein, wenn auch „erhebliches", Beweismoment.

Anhang.

In diesem Zusammenhange soll nunmehr noch die schon früher berührte, aber hier besonders wichtige Stellung der Vermächtnisnehmer im Konkurse kurz erörtert werden. Wir unterscheiden zwei Fälle:

1. Über das Vermögen des Erben oder sonstigen Vermächtnisträgers ist der Konkurs eröffnet. Hier können, wie wir S. 36, Note 1 bemerkten, unseres Erachtens die Vermächtnisnehmer als Konkursgläubiger[3]) auftreten, ohne daß § 56 N. 4 ihren Forderungen im Wege steht, weil diese nicht in einer Freigebigkeit des „Gemeinschuldners" ihren Grund haben[4]). Ganz abgesehen davon, daß es doch ein recht starkes Stück „extensiver Interpretation" ist, mit v. Völderndorff schlechthin das Rechtsgeschäft, durch

---

[1]) Vgl. v. Wilmowski zu § 203, Abs. 2 (Kenntnis der Überschuldung ersetzt nicht die in § 23 geforderte Kenntnis der Zahlungseinstellung); ebenso v. Völderndorff zu c. II; Petersen-Kleinfeller zu §§ 202 ff. unter 2.

[2]) [Vgl. oben § 2, II.] Eine solche Zahlungseinstellung hat für Delikte des Erben gemäß §§ 209—211, sowie für Delikte Dritter (auch der Nachlaßkuratoren) gemäß § 212 Bedeutung.

[3]) Natürlich nur, wenn sie auch in der That persönliche Gläubiger des Erben geworden sind, also nicht bei Erbschaftserwerb cum beneficio inventarii und bei Gütertrennung.

[4]) So Petersen-Kleinfeller zu § 56, II, 3 gegen v. Völderndorff zu § 56, II, ad 4; vgl. auch v. Wilmowski zu § 56 unter 3.

welches sich jemand zur „Vertretung einer Liberalität" verpflichtet, mit der Liberalität auf ein und dieselbe Stufe zu stellen, läßt sich die von ihm aufgestellte Behauptung mit dem Standpunkte unserer KO. nicht in Einklang bringen. Dieser Standpunkt hat seinen gesetzlichen Ausdruck in der Verneinung eines Absonderungsrechts der Erbengläubiger und seine Begründung auf S. 223 der Motive in den Worten gefunden: „Nimmt jemand eine verschuldete Erbschaft an, so ist dies eine Handlung, die sich von keiner andern unterscheidet, durch welche er ein im Erfolge für ihn und seine Gläubiger ungünstiges Geschäft eingeht. Nam licet alicui adiciendo sibi creditorem creditoris sui facere deteriorem condicionem" u. s. f. Schließlich widerstreiten aber die aus dieser Gegenansicht sich ergebenden Folgerungen derart der Billigkeit, daß sie schon um deßwillen zurückzuweisen ist. Denken wir uns nur einen recht vorteilhaften Erbschaftserwerb, nach welchem unglückliche Zufälle einen plötzlichen Vermögenszusammenbruch des bisher durchaus vertrauenswürdigen Erben noch vor Auszahlung der Vermächtnisse herbeiführen. Sollen hier die Vermächtnisnehmer, zu deren Befriedigung der Erblasser reichliche Mittel geliefert hat, unter voller Nichtachtung seines Willens leer ausgehen [1]), die Erbengläubiger aber die unverkürzte Bereicherung des Erbschaftserwerbes genießen? Oder: ein Vermächtnisnehmer ist reich bedacht, seinerseits gering belastet; seine Forderung wird ihm unbedenklich entrichtet; nun gerät er unerwartet in Konkurs. Hier (gegenüber einem Vermächtnisnehmer) schützt den bedachten Dritten ein Absonderungsrecht überhaupt nicht — soll er darum entgegen dem Willen des Erblassers leer ausgehen, und wiederum den Gläubigern die Bereicherung in einem dem Belasteten gar nicht gebührenden Umfange zu Gute kommen?

Der Vermächtnisnehmer kann vielmehr im Konkurse des Vermächtnisträgers seinen Anspruch als Konkursgläubiger [2]) verfolgen und, wenn er durch das Vermächtnis unmittelbar ein dingliches Recht erwarb [3]), muß ihm sogar die Aussonderung [4]) nach KO. § 35 gestattet sein, ohne daß eine Anfechtung auf Grund von § 25 in Betracht käme; auch dieser Paragraph setzt eine unentgeltliche Verfügung des „Gemeinschuldners" voraus.

[1]) Wenn nun, vielleicht ganz ohne ihre Schuld, eine Absonderung unmöglich ist.

[2]) Weil der Vermächtnisnehmer im Konkurse des Vermächtnisträgers diese Eigenschaft hat, muß ihm auch gemäß § 95, Abs. 2 die Befugnis zum Eröffnungsantrage zustehen; während er die Eröffnung des „Nachlaß"konkurses nicht beantragen kann [unten S. 57, II, a, α].

[3]) Arndts, § 560; Windscheid, § 646; Dernburg, Pand., III. § 99.

[4]) Diesen Anspruch erkennt v. Völderndorff (§ 43, ε) schlechthin an, so daß dingliche Vermächtnisse voll, persönliche gar nicht berücksichtigt würden.

2. Über das Vermögen des Vermächtnisgebers, des Erblassers, ist ein selbständiger Konkurs, ein Nachlaßkonkurs eröffnet.

Nach gemeinem Recht sind nun, wie wir sahen, die legatarii, mag ihr Vermächtnisanspruch dinglicher oder persönlicher Natur sein, als diejenigen, die „pro lucro certant", stets erst in zweiter Linie, nämlich hinter den Gläubigern des Erblassers zu befriedigen. Dieses Rangverhältnis des bürgerlichen Rechts ist maßgebend, solange ein Konkurs über den Nachlaß nicht eröffnet ist. Kommt es also überhaupt nicht zu einem solchen, weil die Nachlaßaktiven gerade noch zur vollständigen Befriedigung der Gläubiger des Erblassers ausreichen, so gehen die Vermächtnisnehmer zweifellos leer aus. Kommt es aber zur Eröffnung eines Nachlaßkonkurses, dann sind die Vorschriften der KO. maßgebend:

Soviel dürfte nun gewiß sein, daß kein Vermächtnisnehmer zum Eröffnungsantrage berechtigt ist, weil — ganz abgesehen von der Nichterwähnung derselben in § 205 KO. [S. 46 Note 1] — nach § 95, Abs. 2 nur „Konkursgläubiger" dazu befugt sind, persönliche Vermächtnisansprüche aber gemäß § 56, N. 4 zweifellos keine Konkursforderungen und dingliche doch nur „Aussonderungs"rechte gemäß § 35 erzeugen können. [Vgl. § 10]. Ist aber von anderer Seite der Eröffnungsantrag mit Erfolg gestellt, so ist ferner — eben wegen § 56, N. 4 — gewiß, daß rein persönliche Vermächtnisansprüche im Nachlaßkonkurse keine Berücksichtigung finden. Streitig dagegen ist die Behandlung der Vermächtnisse mit dinglicher Wirkung:

Auf der einen Seite nämlich behauptet Kohler (§ 57, a. E.): „Was die Legate angeht, so muß nach der ganzen Tendenz des Gesetzes angenommen werden, daß, mögen die Legate dingliche oder bloß obligatorische Wirkung haben, sie im Nachlaßkonkurse wirkungslos bleiben." Auf der andern Seite erklären die Kommentare mit aller Entschiedenheit: nur „Forderungen" aus einer Freigebigkeit sind durch § 56, N. 4 ausgeschlossen. . . . „Von den Aussonderungsansprüchen des § 35 ist hier nicht die Rede." (v. Wilmowski, zu § 56, a. E.) Namentlich aber erkennen v. Sarwey (§ 43, unter 1) und v. Völderndorff (§ 43, unter ε; § 205, unter f) den Aussonderungsanspruch dinglicher Vermächtnisse ausdrücklich an.

So sehr nun die von Kohler vertretene Ansicht de lege ferenda zu billigen ist, aus der lex lata des § 56 wird sie kaum zu entnehmen sein. „Forderungen" sind eben nicht dingliche Ansprüche, und die Motive (S. 271) zeigen, daß die Verfasser dingliche Rechte in diesem Paragraphen gar nicht in Betracht gezogen haben. Daselbst ist durchaus von „Forderungen" die Rede, von „Forderungen aus reiner Freigebigkeit" im Gegensatze zu den „sog.

lästigen Forderungen", zu „unentgeltlichen Verpflichtungen des Gemeinschuldners". Daselbst wird aber auch betont, daß „die schon geschehene Erfüllung einer Freigebigkeit nach Maßgabe des § 25 N. 1 und 2 ohne Rücksicht auf den guten Glauben des Empfängers der Anfechtung ausgesetzt ist". Eine solche geschehene Erfüllung einer Freigebigkeit stellt das dingliche Vermächtnis am dies legati veniens dar; denn mit diesem Zeitpunkte ist das dingliche Recht unmittelbar und mit Rechtsnotwendigkeit erworben. Es ist dies in der Sache gar nicht anders, als wenn der Erblasser etwa kurz vor seinem Tode eine Schenkung gemacht und durch datio verwirklicht hätte. Im letzten Falle bleibt — so erklärt Kohler selbst — die Schenkung bestehen, vorbehaltlich der Pauliana. Nicht aber wird dem durch die vollzogene Schenkung begründeten dinglichen Anspruche wie der rein persönlichen Schenkungsforderung im Nachlaßkonkurse die Wirksamkeit abgesprochen. Forderte nicht die „ganze Tendenz des Gesetzes" auch diese Konsequenz?

In beiden Fällen ist vielmehr die Sachlage diese:

a) Besitzt der Bedachte den Gegenstand der Freigebigkeit, so mag der Konkursverwalter mit der actio Pauliana des § 25 Rückerstattung des dinglichen Rechts zur Masse fordern.

b) Befindet sich aber der Gegenstand in der Masse, so ist der aus der vollzogenen Schenkung wie der aus dem dinglichen Vermächtnis Berechtigte als Eigentümer (u. s. w.) an sich auch aussonderungsberechtigt nach § 35. Allein seine die Aussonderung geltend machende rei vindicatio (u. s. w.) wird vom Verwalter durch exceptio Pauliana gemäß § 25 zurückgewiesen.

Freilich steht dieses Anfechtungsrecht des § 25 unter einer doppelten Beschränkung:

α) zeitlich nach § 25, indem die Freigebigkeit unanfechtbar wird, wenn nicht binnen eines bezw. zweier Jahre seit ihrer Vornahme Konkurs eröffnet wird. Allein es ist eben Sache der Gläubiger, so rasch als möglich den Eröffnungsantrag zu stellen; nicht einmal eine Überlegungsfrist (§ 204) steht solchem Begehren im Wege, und der Eröffnungsbeschluß kann auch während der Gerichtsferien erlassen werden — denn auf das gesamte Exekutionsverfahren (Zwangsvollstreckung wie Konkurs) sind die Ferien einflußlos. (GVG. § 204);

β) gegenständlich nach KO. § 30, Abs. 2, indem der gutgläubige Empfänger einer unentgeltlichen Leistung dieselbe nur soweit zurückzugewähren hat, als er durch sie bereichert ist.

Übrigens fallen beide Beschränkungen fort, wenn der Gemeinschuldner die Freigebigkeit in der dem andern Teile bekannten Absicht der Gläubigerbenachteiligung vornahm (KO. § 24, N. 1).

Das Ergebnis unserer Ausführungen unter 2 ist somit dieses: Kein Vermächtnisnehmer kann die Eröffnung des Nachlaßkonkurses beantragen; kein Vermächtnisnehmer kann in diesem Verfahren als Konkursgläubiger auftreten; dingliche Vermächtnisse erzeugen zwar Aussonderungsrechte gemäß § 35, allein regelmäßig werden diese im Wege der Anfechtung entkräftbar sein.

III. Die formellrechtliche Voraussetzung.

§ 10.

Anfang und Ende eines Konkursverfahrens sind richterliche Akte. Mag die Zahlungsunfähigkeit eines Schuldners noch so bekannt und zweifellos sein — solange nicht ein Eröffnungsbeschluß ergeht, sind die regelmäßigen Vollstreckungsgrundsätze maßgebend. Mag andrerseits die Masse auch vollständig ausgeschüttet oder die Gläubigerschaft in irgend einer Weise endgiltig befriedigt sein — das einmal eröffnete Konkursverhältnis besteht fort, bis ein Gerichtsbeschluß seine Beendigung ausspricht. Während aber ein solcher Aufhebungs- oder Einstellungs-Beschluß möglicherweise von Amtswegen ergeht, kann die Konkurseröffnung niemals von Amtswegen beschlossen werden: keine Konkurseröffnung ohne gehörigen Antrag! Dieser gehörige Antrag (vgl. CPO. §§ 457, 74 und 75) ist die formellrechtliche, die prozessuale Voraussetzung eines jeden Konkursverfahrens, auch desjenigen über einen Nachlaß. Nur bedingt die Natur des Nachlaßkonkurses einige besondere Vorschriften, auf die wir indessen erst eingehen können, nachdem wir in Kürze die allgemeinen Erfordernisse des sonstigen Konkursverfahrens betrachtet haben werden. (Vgl. darüber Kohler, §§ 20 und 84 ff., Endemann, § 18 ff., Fitting, § 34 ff.)

A. Das sonstige Konkursverfahren.

Zum Antrage berechtigt sind zwei Gruppen von Personen: der Schuldner selbst und seine Gläubiger. Die prozessuale Behandlung ist in jedem Falle eine andere:

I. Der Schuldner selbst stellt den Eröffnungsantrag.

Hiebei unterscheiden wir wiederum drei Möglichkeiten:

1. Der Schuldner ist eine natürliche Einzelperson. Das Gericht muß seinen Antrag ohne weiteres „zulassen", berücksichtigen. Allein eine Konkurseröffnung darf es nur bei voller

Überzeugung vom Vorhandensein der Zahlungsunfähigkeit aussprechen (§ 94). Unterstützend für die Gewinnung dieser Überzeugung wirkt die vom Schuldner bei der Antragstellung einzureichende oder doch ohne Verzug nachzuliefernde Übersicht über seine Vermögensmasse unter Angabe seiner Gläubiger und Schuldner (§ 96). Verschafft dieselbe dem Gericht die volle Überzeugung von der Zahlungsunfähigkeit des Schuldners, dann ist der Eröffnungsbeschluß ohne weiteres zu erlassen. Bei obwaltendem Zweifel aber kann (nicht: muß) das Gericht zur Aufklärung dieses grundlegenden Verhältnisses die erforderlichen Ermittelungen gemäß § 67 anordnen. (So v. Wilmowski, § 96,2; Kohler, § 84 S. 536 unten. Anders die herrschende Lehre z. B. Fitting, § 35, III; Endemann, § 19, I, c; Petersen-Kleinfeller, v. Sarwey, v. Völderndorff zu § 96, die sämtlich derartige Ermittelungen für unstatthaft erklären.)

2. Der Schuldner ist eine im Gesellschaftsverhältnis stehende Personenmehrheit. Hauptfall: offene Handelsgesellschaft. Auch hier findet eine Zulassung des Antrags ohne weiteres statt, sofern nur die Gesamtheit aller persönlich haftenden Gesellschafter bezw. aller Liquidatoren den Antrag gestellt hat.

Geht aber der Antrag nur von einem einzelnen Gliede dieser Gesellschaft aus, dann wird — wie Kohler, § 84, sich ausdrückt — „eine doppelte causae cognitio nötig; einmal eine causae cognitio zum Zweck eines prima facie = Resultates“: bevor nämlich die Statthaftigkeit der Eröffnung selbst in Erwägung gezogen wird, muß die Statthaftigkeit des Antrages durch Glaubhaftmachung der Zahlungsunfähigkeit in einer Vorprüfung festgestellt werden. Wird danach der Antrag zugelassen, so beginnt die Hauptprüfung zur „Erzielung eines definitiven Schlußresultates“; gewinnt das Gericht in diesem Verfahren die volle Überzeugung der Zahlungsunfähigkeit, so eröffnet es den Konkurs. Bei dieser Hauptprüfung aber sind die übrigen antragsberechtigten Glieder persönlich (aber nicht notwendig mündlich), und wenn sie im Auslande oder an unbekannten Orten sich befinden, soweit thunlich, Angehörige oder Vertreter von ihnen zu hören. Räumt die Gesamtheit die Zahlungsunfähigkeit ein, dann liegt die Sache wie bei Antragstellung seitens der Gesamtheit; andernfalls muß das Gericht die erforderlichen Ermittelungen anordnen. (§ 199 vb. m. § 97, Abs. 2 u. 3).

3. Der Schuldner ist eine juristische Person. Hauptfälle: Aktiengesellschaft und eingetragene Genossenschaft. Geht der Antrag von der Gesamtheit der Vorstände oder Liquidatoren aus, so ist er ohne weiteres zulässig. Geht er nur von einzelnen Gliedern dieser Gesamtheit aus, so findet auch hier vor Prüfung der Hauptfrage eine Vorprüfung über die durch Glaubhaftmachung der Zah-

lungsunfähigkeit oder Überschuldung bedingte Zulässigkeit des Eröffnungsantrages statt (§ 194 vb. m. § 97, Abs. 2. u. 3); bei der Hauptprüfung sind auch hier die übrigen antragsberechtigten Glieder zu hören.

II. Ein Gläubiger stellt den Eröffnungsantrag (KO. § 97).

In diesem Falle ist der Antrag — mag er von einem oder von sämtlichen Gläubigern ausgehen — nie ohne weiteres zu berücksichtigen: es findet stets eine Vorprüfung über seine Zulässigkeit statt. Die Zulässigkeit ist aber hier bedingt durch eine doppelte Glaubhaftmachung: der Antragsteller hat zu bescheinigen

a) seine Antragsberechtigung, d. h. seine Konkursgläubigereigenschaft. Nach § 95 ist nämlich nur ein „Konkursgläubiger", d. h. nur der Gläubiger einer Forderung, die im Konkursverfahren geltend gemacht werden kann, also namentlich nicht der Gläubiger einer nach § 56 ausgeschlossenen Forderung zum Eröffnungsantrage berechtigt. Vgl. Kohler § 20, S. 88; v. Wilmowski, § 95, unter 3.

b) Das Vorhandensein der materiellrechtlichen Voraussetzung, also der Zahlungsunfähigkeit bezw. dieser oder der Überschuldung. KO. § 193, Genossenschafts-G. §§ 91, 92, 134.

Ergibt sich bei dieser Vorprüfung die Zulässigkeit des Eröffnungsantrages, so ist der Schuldner bezw. nach § 97, Abs. 3, soweit thunlich, ein Vertreter oder Angehöriger von ihm zu hören, und, wenn dieser Zahlungsunfähigkeit oder Überschuldung selber einräumt, ferner aber auch das Gericht sich vom Vorliegen dieser Umstände überzeugt, so ist ohne weiteres der Eröffnungsbeschluß zu erlassen. Räumt dagegen der Schuldner diese Umstände nicht ein, so muß das Gericht die erforderlichen Ermittelungen anordnen; und es kann das letztere thun, wenn der Schuldner Zahlungsunfähigkeit oder Überschuldung zugibt, ohne daß sich das Gericht von ihrem Vorhandensein zu überzeugen vermag.

Übrigens kann eine Abweisung des Eröffnungsantrages — mag ihn gestellt haben, wer immer will — stets dann erfolgen, wenn nach dem Ermessen des Gerichts eine den Kosten des Verfahrens entsprechende Konkursmasse nicht vorhanden ist. § 99 KO.

Endlich sei bezüglich des Konkursgerichts bemerkt, daß sachlich ausschließlich ein Amtsgericht und zwar örtlich ausschließlich dasjenige Amtsgericht zuständig ist, bei dem der Gemeinschuldner seinen allgemeinen Gerichtsstand hat. Sind danach mehrere

Gerichte zuständig, so schließt dasjenige, bei welchem zuerst die Eröffnung des Verfahrens beantragt worden ist, die übrigen aus (§ 64). Ist andrerseits kein allgemeiner Gerichtsstand im Deutschen Reiche begründet, so kann ein Konkursverfahren über das gesamte inländische Vermögen (nach § 208) bei demjenigen Amtsgericht eröffnet werden, in dessen Bezirk der Schuldner eine selbständige gewerbliche Niederlassung oder ein selbstbewirtschaftetes Gut besitzt. Unter mehreren danach zuständigen Gerichten schließt auch hier das zuerst um Eröffnung angegangene die übrigen aus (§ 64, Abs. 2). Fehlt aber auch eine derartige Niederlassung oder ein derartiges Gut im Reiche, so ist das im Inlande befindliche Vermögen zwar der Einzelvollstreckung (CPO. § 729, 2), nicht aber der Universalexekution unterworfen.

So die Eröffnung im sonstigen Konkursverfahren. Im Nachlaßkonkurse aber steht auch die prozessuale Voraussetzung, wenigstens teilweise, unter eigentümlichen Regeln, die nunmehr ins Auge zu fassen sind.

B. Der Nachlaßkonkurs.

Gehen wir zunächst von der Frage aus: „Wer ist berechtigt, die Eröffnung des Nachlaßkonkurses zu beantragen?", so können auch hier nur zwei Gruppen Antragsbefugter in Frage kommen: der Schuldner selbst und seine Gläubiger. KO. § 205.

I. Der Schuldner selbst stellt den Eröffnungsantrag.

Dieses Antragsrecht gereicht (wie die Motive S. 453 bemerken) dem Gemeinschuldner namentlich dort zum Schutze, wo er bei Befriedigung der Gläubiger die gesetzliche Prioritätsordnung zu beobachten verpflichtet wäre (vgl. ALR. I. 9. §§ 452 ff. C. civ. art. 806). Gemeinschuldner im Nachlaßkonkurse ist nun [s. § 2] für die Gegenwart entweder der Erbe oder die ruhende Erbschaft als juristische Person, vertreten durch den auf Antrag eines Interessenten oder von Amtswegen bestellten Nachlaßkurator. Demgemäß kann der schuldnerische Antrag ausgehen entweder vom Erben oder vom Nachlaßvertreter. Entsprechend unserer Ausführung unter A, I scheiden wir auch hier drei Fälle:

1. Gemeinschuldner ist eine natürliche Einzelperson. Dieser Fall liegt vor allen Dingen dann vor, wenn ein einziger Erbe den Gesamtnachlaß erwarb — und entweder er von der Rechtswohlthat des Inventars oder die Nachlaßgläubiger von derjenigen der Gütertrennung Gebrauch gemacht haben. Jedenfalls aber muß der Erbe die Erbschaft erworben haben, sonst ist er nicht Schuldner, nicht Gemeinschuldner geworden. Auch ist der lediglich Berufene in dieser Eigenschaft nicht Nachlaßvertreter. Demnach

kann der Berufene als solcher einen Nachlaßkonkurs nicht beantragen, sondern nur derjenige, der bereits Erbe geworden ist — mag er es mit Rechtsnotwendigkeit oder erst auf Grund einer Antrittserklärung geworden sein. (Vgl. Fitting, § 56, Note 9 gegen v. Sarwey, § 205, Note 1). Vorbehaltserbe aber braucht er nicht zu sein — wie die gemeine Lehre von ihrem [§§ 4 und 7 zurückgewiesenen] Standpunkte aus behauptet[1]) —; vielmehr ist auch der vorbehaltlose Erbe, da er trotz durchgeführter Gütertrennung Eigentümer des Nachlasses und somit im Konkurse über denselben Gemeinschuldner ist, in dieser Eigenschaft antragsberechtigt.

Nicht nur der Alleinerbe aber fällt unter diesen Gesichtspunkt, sondern natürlich auch der Teilerbe, wenn ein selbständiger Konkurs über seinen Erbteil nach Maßgabe der landesrechtlichen Gestaltung des Haftungswesens in Frage kommen kann [s. oben § 8]. Dann ist eben jeder Miterbe für seinen Erbteil antragsbefugt.

Die prozessuale Behandlung des Eröffnungsantrages entspricht in diesen Fällen ganz der unter A, I, 1 gekennzeichneten; also: der Antrag ist ohne weiteres zulässig, irgend einer Glaubhaftmachung bedarf es nicht; aber nur bei Überzeugung vom Überschuldetsein des Nachlasses hat das Gericht die Konkurseröffnung auszusprechen; die Bildung dieser Überzeugung ist seitens des antragstellenden Schuldners durch Einreichung einer Übersicht über die Vermögenslage der Erbschaft zu unterstützen; bei obwaltendem Zweifel endlich „kann" das Gericht die erforderlichen Ermittelungen gemäß § 67 anordnen.

2. Gemeinschuldner ist eine Mehrheit von Miterben. Wir haben hier den Fall im Auge, daß nach Maßgabe der landesrechtlichen Haftungsverhältnisse Konkurs auch bei Antragstellung seitens eines einzigen Miterben über den ganzen Nachlaß zu eröffnen ist, z. B. nach preußischem Recht bei ungeteilter Erbschaft (Förster-Eccius, § 116, Note 7; Dernburg, Pr. PR., Bd. III, § 238 ff.). Geht hier der Antrag von der Gesamtheit der Miterben aus, so ist er ohne weiteres zulässig; allein auch der einzelne Erbe ist dazu befugt (KO. § 205, Abs. 1): stellt ein solcher den Antrag, so findet zunächst eine Vorprüfung der durch Glaubhaftmachung einer Überschuldung bedingten Zulässigkeit des Antrags und erst, wenn letztere feststeht, die Erwägung der Hauptfrage statt. Bei dieser Erwägung sind dann die übrigen Miterben, und bei Aufenthalt derselben im Auslande oder an unbekannten Orten („soweit thunlich") Vertreter oder Angehörige von ihnen zu hören. Räumt die Gesamtheit das Vorhandensein der

[1]) Siehe z. B. Fuchs, § 40, Note 6; Fitting, § 56, Note 9; Endemann, § 101, Note 20; ebenso Motive und Kommentare zu § 205.

Überschuldung ein, dann liegt die Sache wiederum wie bei Antragstellung seitens der Gesamtheit. Andernfalls „muß" das Gericht die erforderlichen Ermittelungen anordnen (KO. § 205, Abs. 2).

3. Gemeinschuldner ist die ruhende Erbschaft als juristische Person. Wer nach bürgerlichem Recht zur Vertretung eines solchen Nachlasses berufen ist, kann den Eröffnungsantrag stellen. Steht die Vertretung einer Mehrheit von Personen zu, dann ist ohne weiteres zulässig nur ein von der Gesamtheit ausgehender Eröffnungsantrag. Dagegen ist die Zulässigkeit des Einzelantrags auch hier von einer Glaubhaftmachung der Überschuldung bedingt; auch hier sind zur Hauptprüfung die übrigen Vertreter zu hören, und, wenn sie nicht sämtlich die Überschuldung zugeben, sind auch hier vom Gericht die erforderlichen Ermittelungen anzuordnen. § 205.

Sind auch Testamentsvollstrecker Nachlaßvertreter? v. Sarwey (§ 202, N. 2) glaubt diese Frage und damit die Antragsbefugnis der Testamentsvollstrecker für das gemeine Recht verneinen zu müssen. Wohl mit Unrecht: die Testamentsexekutoren sind Vertreter des Nachlasses (vgl. Dernburg, Pand., III, § 124 f.) und als solche im Zweifel antragsberechtigt. Diese Befugnis wird ihnen aber auch dadurch nicht entrissen, daß der Berufene Erbe wird, die Erbschaft also aufhört, eine ruhende zu sein. Dann sind eben Erben und Nachlaßvertreter neben einander antragsberechtigt, wie überall dort, wo nach Landesrecht auch für die bereits erworbene Erbschaft ein eigener Nachlaßvertreter bestellt werden kann.

II. Ein Gläubiger stellt den Eröffnungsantrag.

(KO. § 205, Abs. 1 vb. m. § 97.) Vgl. A. II. Hier ist, wie bemerkt, eine Vorprüfung über die Zulässigkeit des Antrags unumgänglich notwendig, die Zulässigkeit selbst aber von einer doppelten Glaubhaftmachung bedingt:

a) Einmal hat nämlich der Antragsteller seine Antragsbefugnis, d. h. seine Konkursgläubigereigenschaft zu bescheinigen. Er muß also das Vorhandensein einer im Nachlaßkonkurse anmeldbaren Forderung glaubhaft machen, da nur eine solche zum Eröffnungsantrage berechtigt (§ 95, Abs. 2). Daraus folgt:

α) Ausgeschlossen von der Antragsbefugnis sind die Vermächtnisnehmer, wenngleich sie sonst im bürgerlichen Recht unter „Nachlaßgläubiger" begriffen werden. [Näheres: § 9, Anhang.]

β) Ausgeschlossen sind ferner aus demselben Grunde diejenigen unter den eigentlichen Nachlaßgläubigern, deren Forderung im Konkurse nicht verfolgbar ist, z. B. der Staat mit einem Strafanspruch, der Gläubiger aus einem Schenkungsversprechen (KO. § 56).

γ) Ausgeschlossen sind aber endlich auch unter den Gläubigern an sich anmeldbarer Forderungen diejenigen, welche die Absonderung des Nachlasses aus dem Vermögen der vorbehaltlosen Erben nicht betrieben haben, sei es, daß sie die Rechtswohlthat nicht geltend machen wollten oder daß sie dieselbe verwirkt hatten. Denn im Konkurse über den abgesonderten Nachlaß gelangen diese Gläubiger nicht zur Befriedigung [s. oben: § 7], im „Nachlaß"konkurse sind sie keine Konkursgläubiger (wohl aber im Konkurse über das eigene Vermögen des vorbehaltlosen Erben). Hat jedoch der Erbe unter Vorbehalt den Nachlaß erworben, dann nehmen, wie wir früher [S. 29, Note 1] sahen, alle Erbschaftsgläubiger mit anmeldbaren Forderungen am Nachlaßkonkurse teil, auch wenn die Erwirkung der Rechtswohlthat nur von einzelnen ausgegangen ist. Die Motive (S. 455) und die ihnen gefolgten Schriftsteller haben nur den Antritt cum beneficio inventarii im Auge und behaupten darum (vom Standpunkte der gemeinen Lehre aus) schlechthin die Unabhängigkeit der Antragsbefugnis von der Erwirkung der Gütertrennung.

b) Zum andern hat der antragstellende Gläubiger die Überschuldung des Nachlasses glaubhaft zu machen (§ 205, Abs. 2, entsprechend § 97, Abs. 1 mit § 203), eine Aufgabe, die nach Errichtung eines Nachlaßverzeichnisses wesentlich erleichtert ist.

Hat nun diese zwiefache Glaubhaftmachung die Zulässigkeit des Eröffnungsantrages ergeben, so muß das Gericht den Gemeinschuldner bezw. nach § 97, Abs. 3 einen Vertreter oder Angehörigen des abwesenden Gemeinschuldners hören und bei Verneinung der Überschuldung seitens dieser Personen die erforderlichen Ermittelungen anordnen. Überzeugt es sich vom Überschuldetsein des Nachlasses, so hat es die Konkurseröffnung zu beschließen; aber auch nur dann.

Diesen unsern Ausführungen steht die Ansicht von Endemann (§ 101, IV. S. 640) entgegen: „Wird der Antrag da, wo mehrere Erben oder Nachlaßvertreter vorhanden sind, nicht von allen gestellt, so ist Glaubhaftmachung der Überschuldung erforderlich, und das Gericht hat vor der Entscheidung die übrigen Erben oder Nachlaßvertreter zu hören. Auf den Antrag, der von einem oder einzelnen Nachlaßgläubigern angebracht wird, leidet das keine Anwendung." Danach wäre letzternfalls zweierlei überflüssig:

1. Die Glaubhaftmachung der Überschuldung.[1]) Eine derartige Auffassung ist aber völlig unvereinbar mit dem Grundsatze des § 97, Abs. 1. Fernerhin widerspricht sie dem Wortlaute des § 205, Abs. 2, der immer dann Glaubhaftmachung der Überschuldung für die Zulässigkeit des Eröffnungsantrages verlangt, wenn dieser nicht „von allen Erben oder Nachlaßvertretern gestellt wird"; also nicht allein, wenn er nur von einzelnen Erben oder Nachlaßvertretern, sondern auch dann, wenn er von den unmittelbar zuvor (Abs. 1) genannten Nachlaßgläubigern ausgeht. Diese einzig folgerichtige Ansicht wird auch in den Motiven (S. 455) ganz unzweideutig ausgesprochen; es heißt nämlich daselbst: „Auch derjenige Nachlaßgläubiger, welcher ein Absonderungsrecht nicht würde geltend machen können [siehe S. 58 unter γ a. E.], ist befugt, die Eröffnung des Konkurses zu beantragen, wenn er seine Forderung und die Überschuldung des Nachlasses glaubhaft macht. § 205!" Mit Recht sagt also auch Fuchs (§ 39): „Stellt ein Gläubiger den Antrag, so hat er auch hier seine Forderung und die Überschuldung glaubhaft zu machen."

2. Ebenso wäre beim Gläubigerantrage ein Gehör der Erben oder Nachlaßvertreter vor der Entscheidung überflüssig. — Auch eine solche Bestimmung aber müßte gegenüber dem § 97, 2 und 3 als durchaus folgewidrig erscheinen; auch ihr läßt sich die Auffassung der Motive entgegenhalten, die mit Bezug auf den Gläubigerantrag a. a. O. fortfahren: „In Gemäßheit des § 97 sind an Stelle des Erblassers die rechtlichen Repräsentanten desselben, die Erben oder die nach Landesrecht zur Vertretung des Nachlasses befugten Personen zu hören." Der Wortlaut des § 205, Abs. 2, „die übrigen" Erben und Nachlaßvertreter seien zu hören, beweist nichts gegen unsere Auffassung — die „übrigen" sind eben alle diejenigen, die den Antrag nicht gestellt haben.

Übrigens dürfte Endemann mit dieser seiner Auffassung jedenfalls bezüglich des ganz entsprechend gefaßten § 194, Abs. 2 allein stehen: vgl. dagegen Fitting, § 52, II; sowie die Kom-

---

[1]) Siehe dieselbe unhaltbare Ansicht bei Endemann, § 98, Note 19 bezüglich des Aktiengesellschafts-Konkurses.

mentare, namentlich v. Wilmowski zu § 194, 2; v. Völderndorff, § 194, h und i; Petersen-Kleinfeller, § 194, 3.

Auch in einem andern Punkte können wir Endemann nicht beitreten. Für antragsbefugt erklärt er nämlich (§ 101, IV, 3) nur diejenigen Nachlaßgläubiger, die eine dem Erblasser gegenüber entstandene anmeldbare Forderung haben. Richtig ist ja, daß die Forderung nicht lediglich gegen den Erben als solchen gerichtet sein darf, wie z. B. die Forderung der Staatskasse auf die Sterbefallgebühren (Erbschaftssteuern), die zwar im Konkurse des Erben (sogar als bevorzugte gemäß § 54, N. 2) verfolgbar ist, aber im Nachlaßkonkurse nicht geltend gemacht werden kann. (So Petersen-Kleinfeller zu § 205 und an andern daselbst angezogenen Stellen). Allein auch derjenige Gläubiger, dessen Forderung erst nach dem Tode des Erblassers zu Lasten des Nachlasses entstand, [oben: § 9, I] ist zweifellos „Nachlaßgläubiger" und somit antragsbefugt. Dahin gehören z. B. Forderungen für die Bestattung des Erblassers, sowie die von Petersen-Kleinfeller a. a. O. genannten Ansprüche wegen nützlicher Verwendungen und Bereicherungen.

Aus diesen unsern Betrachtungen geht hervor, daß das Eröffnungsverfahren beim Nachlaßkonkurse dem sonstigen Eröffnungsverfahren durchaus entsprechend gestaltet ist. Selbstverständlich gilt § 99 auch hier, demzufolge die Abweisung des Eröffnungsantrages erfolgen kann, wenn nach dem Ermessen des Gerichts eine die Kosten des Verfahrens deckende Konkursmasse nicht vorhanden ist. Nur bezüglich des zuständigen Gerichts sind schließlich noch einige Worte beizufügen:

Als Konkursgericht im Nachlaßkonkurse ist sachlich ausschließlich ein Amtsgericht und zwar örtlich ausschließlich dasjenige Amtsgericht zuständig, bei welchem der Erblasser zur Zeit seines Todes seinen allgemeinen Gerichtsstand gehabt hat, „Gerichtsstand der Erbschaft" (CPO. § 28). KO. § 202. [Vgl. oben: § 2, I]. Dieser allgemeine Gerichtsstand einer Person wird regelmäßig durch deren Wohnsitz (CPO. §§ 13 ff.), ausnahmsweise d. h. in Ermangelung eines in- oder ausländischen Wohnsitzes durch den Aufenthaltsort im Deutschen Reiche und, wenn ein solcher nicht bekannt ist, durch den letzten Wohnsitz bestimmt (CPO. § 18). Es ist demgemäß einerseits denkbar, daß der Erblasser z. Z. seines Todes mehrere allgemeine Gerichtsstände, aber andrerseits auch, daß er keinen solchen im Inlande besessen hat.

Ersternfalls, also beim Bestehen eines forum hereditatis an mehreren Orten, schließt entsprechend dem § 64, Abs. 2 dasjenige Gericht, bei welchem zuerst die Konkurseröffnung beantragt wurde, die übrigen zuständigen Gerichte aus (Endemann, § 101, I; v. Völderndorff zu § 202, b).

Ist hingegen ein Gerichtsstand der Erbschaft im Inlande nicht erkennbar begründet, so muß entsprechend dem § 208 immerhin dann noch ein Konkursverfahren über das im Inlande befindliche Nachlaßvermögen statthaft sein, wenn der Erblasser z. Z. seines Todes im Inlande eine selbständige gewerbliche Niederlassung oder ein selbstbewirtschaftetes Gut besessen hat, und zwar beim Amtsgericht der Niederlassung oder des Gutes, bezw. unter mehreren hienach zuständigen bei dem zuerst um Eröffnung angegangenen Gericht (entsprechend § 64, Abs. 2). Fehlt aber auch ein derartiger Gerichtsstand, so kann über die inländische Hinterlassenschaft ein Konkursverfahren nicht eröffnet werden: sie ist nur der Einzelvollstreckung gemäß § 694 CPO., nicht der Universalexekution erschlossen.

Die Zuständigkeit des Konkursgerichts ist, wie betont, eine sachlich und örtlich ausschließliche, darum von Amtswegen zu berücksichtigen und über alle Parteivereinbarung erhaben[1]) (CPO. § 40, Abs. 2). Hätte nun gleichwohl ein unzuständiges Gericht die Konkurseröffnung beschlossen, so wäre der Eröffnungsbeschluß vor erlangter Rechtskraft anfechtbar durch das Rechtsmittel der sofortigen Beschwerde, jedoch gemäß § 101 KO. nur seitens des Gemeinschuldners[2]), die Eröffnung des Nachlaßkonkurses durch ein unzuständiges Gericht also nur seitens des Erben (kraft eigenen Rechts) oder des Nachlaßkurators (in Vertretung der ruhenden Erbschaft) [s. S. 10], nicht aber seitens der Nachlaßgläubiger. Letztere entbehren eben das Beschwerderecht gegenüber dem Eröffnungsbeschlusse schlechtweg d. h. ohne Rücksicht auf den Beschwerdegrund, also ohne Rücksicht darauf, ob der Mangel der materiellrechtlichen Voraussetzung, der Überschuldung, oder derjenige der formellrechtlichen Voraussetzung, des gehörigen Antrages vor dem zuständigen Gerichte, zu beanstanden wäre. Trotzdem kann

---

[1]) Bei der Wichtigkeit der Zuständigkeitsfrage ist die Aufnahme des Zuständigkeitsgrundes in die Formel des Eröffnungsbeschlusses angezeigt: „Über den Nachlaß des zuletzt in X wohnhaft gewesenen und daselbst verstorbenen Kaufmanns N. N. wird heute am 1. März 1893 der Konkurs eröffnet."

[2]) Ob auch dann, wenn dieser selbst den Eröffnungsantrag beim unzuständigen Gericht gestellt hat, ist streitig, indessen wohl mit der herrschenden Lehre (gegen Kohler, S. 543) zu verneinen. Vgl. z. B. v. Wilmowski, § 101,3; Petersen-Kleinfeller, § 101,1; v. Völderndorff, § 101, bI; Endemann, § 22 Note 19; Fitting, § 35 Note 37.

ein Gläubiger an der Eröffnung und Leitung des Konkurses durch das zuständige Gericht das lebhafteste Interesse haben, namentlich, falls er am Sitze dieses Gerichts wohnhaft und so zur persönlichen Wahrung seiner Gläubigerrechte eher in der Lage ist, als wenn das mit Unrecht seine Zuständigkeit behauptende, vielleicht weit entfernte Gericht Konkursgericht bleibt. Der einfache Beschwerdeweg ist dem Gläubiger verschlossen, aber auf einem Umwege kann er zum Ziele gelangen. Er beantragt nämlich gemäß § 205 [s. unter B, II] seinerseits die Konkurseröffnung beim zuständigen Gerichte; hält letzteres sich in der That für zuständig, so hat es ungeachtet der bereits durch das unzuständige Gericht beschlossenen Konkurseröffnung nun ebenfalls einen Eröffnungsbeschluß zu erlassen; so entsteht durch die rechtskräftige Zuständigkeitserklärung seitens verschiedener Gerichte ein positiver Kompetenzkonflikt[1]), der gemäß § 36 Ziff. 5 CPO. durch das ihnen im Rechtsmittelzuge zunächst übergeordnete Gericht[2]) zu schlichten ist. Ein nach § 37 Abs. 2 CPO. unanfechtbarer Beschluß des höheren Gerichts, den jeder Beteiligte[3]) — der Gemeinschuldner, jeder Gläubiger, der vom einen oder andern Gericht bestellte Verwalter — beantragen kann, bestimmt also das Konkursgericht, während das hiemit für unzuständig erklärte Gericht „seine Konkursthätigkeit einzustellen hat" (Kohler, S. 600 u. 635). Nicht eine „Einstellung des Verfahrens" im Sinne der §§ 188 ff., nicht eine Konkursbeendigung wird also ausgesprochen, noch wird der Eröffnungsbeschluß des für unzuständig erklärten Gerichts im Sinne des § 105 KO. aufgehoben, sondern das Verfahren entwickelt sich weiter mit der Maßnahme, daß einzig ausschlaggebend der Eröffnungsbeschluß des nun endgiltig für zuständig erklärten Gerichts ist, auch wenn dieses Gericht später um Eröffnung angegangen wurde, später die Eröffnung beschlossen hat. Der Eröffnungsbeschluß und alle konkursleitenden[4]) Maßregeln des andern Gerichts werden demnach durch diese delegatio fori sofort außer Kraft gesetzt: Eröffnungsstunde, Ernennung des Verwalters, offener Arrest, Termin der ersten Gläubigerversammlung, Anmeldefrist, Prüfungstermin — alles bestimmt sich ausschließlich nach den Anordnungen des für zuständig erklärten

---

[1]) Vgl. darüber v. Wilmowski, § 64, 4 und 5; v. Völderndorff, § 64, c, III u. IV.

[2]) Planck, Lehrbuch des deutschen Civilprozeßrechts § 22, S. 85—87.

[3]) Vgl. CPO. § 756.

[4]) Mögen sie gleichzeitig mit dem Eröffnungsbeschluß oder später erlassen sein. So verliert auch die vorläufige Bestellung eines Gläubigerausschusses (§ 97, Abs. 1), die Inhaftierung des Cridars zur Sicherung der Masse (§ 93, Abs. 2) ihre Kraft.

Gerichts. Dem letzteren ist auf sein Verlangen das bereits gesammelte Aktenmaterial auszuliefern.

Selbstverständlich kann auch der Gemeinschuldner, nachdem die Einlegung der sofortigen Beschwerde infolge Verstreichens der Notfrist nicht mehr statthaft ist, auf diesem Umwege den Eröffnungsbeschluß eines unzuständigen Gerichts außer Wirksamkeit setzen.

FSC
www.fsc.org
MIX
Papier | Fördert gute Waldnutzung
FSC® C083411

Kolibri 360 GmbH
Ferdinand-Jühlke-Straße 7
99095 Erfurt, Deutschland
produktsicherheit@kolibri360.de